映画に描かれた疾患とペーソス

安東教授のシネマ回診 2

安東由喜雄
Yukio Ando

医歯薬出版株式会社

This book is originally published in Japanese
under the title of :

EIGA NI EGAKARETA SHIKKAN TO PESOSU
(Various Diseases and Pathos Illustrated in Movies)

ANDO, YUKIO
President & Professor
Department of Amyloidosis Research
Nagasaki International University

ISHIYAKU PUBLISHERS, INC.
7-10, Honkomagome 1 chome, Bunkyo-ku,
Tokyo 113-8612, Japan

巻頭言「夢のとびらへの誘《いざな》い」

私が安東先生と出会ったのは、平成三〇年の秋でした。国立大学の医学部長という肩書である先生は、医療実務家と研究者を兼ね備えた、謹厳実直の方というイメージがありました。しかし、会って話した第一印象は、ざっくばらんでユーモアに富み、冗談を言い、そして明るく、話し声も軽快で、最初から何ら構えることもなく、素直にその懐に入っていける人柄でありました。

長年、大学で研究、教育に勤しまれた人物は、何か腹に一物ありそうで、多くはその人の性格を用心深く見極めようとするところから入っていくのに、安東先生には、まず人物像を見極めるなどという心構えをもつことすらなく、何の衒いなくそのままの実直さが、地として出せる人柄であり、そうした人物は極めて珍しいと、先生の横顔を見ながら感じた第一印象を今思い出しています。

冗談を言い、私達凡人の会話にも積極的に入ってこられる傍ら、何と世界アミロイドーシス学会の理事長を務められている。アルツハイマー、認知症とアミロイドの関連を研究される世界有数の学者であるということも対極の妙といえます。早朝から、世界の学者とのメールの交換。数多い世界中の国々への講演のため走り回る、まさにグローバルな人物でもあります。更に加えて趣味としての音楽、そして何と映画が大好きであり、それ故のラジオのディスク・ジョッキー。豊かな才能を駆使したマルチニストそのものであります。

佐世保市のコミュニティＦＭ『はっぴぃ！ＦＭ』で、火曜日の午後九時から一時間放送される番組、「恋と映画と健康と」があると聞いて、あまり期待もせずにチャンネルを合わせましたが、これが抜群におもしろい。恋とは、悲恋もあります。相思相愛の恋もありますが、人間の感性の代表でもあります。そこに病気という人間究極のモチーフを映画というイリュージョンを媒介にして話題をつくり出していく。そこには人としてのペーソスあり、艶あり、そして勿論人生の喜怒哀楽が軽妙なタッチで語られます。ある時は医者、ある時は学者、そして又ある時は教育者。まだまだあります。ある時は作家、音楽家、そして人生の深淵をのぞく哲学者としての顔が、きら星のように輝いている。私はこうした才能を、まさに本物の〝マルチニスト〟と呼ぶのだと確信しています。

今回のエッセーにとり入れられた題材は、映画をキーステーションとしながら、人間という動物の存在を、ありとあらゆる角度から観察する。いわば人間研究のエッセーともいえるものであります。伊集院静氏が「一冊の本を読むことは、舟で海に漕ぎ出すようなものだ。一頁一頁をめくるのは舟の櫓を漕ぐようなもので、気疲れもあるがやがて今まで見たこともないような素晴らしい眺めが世界にあらわれる」と言っています。まさにその言葉のように、このエッセーは宝の山と思える人間の不条理が山積している「夢のとびら」なのです。

「トニ・エルドマン」では、娘に対する父親の感性がみずみずしさをもって迫ってくる。「92歳のパリジェンヌ」では、生と死の微妙な関係が綴られ、それは読む人自らの生と死の問題となって語りかける。そして「ピポクラテスたち」では、当世の学生気質を絶妙なタッチで表している。

更に「シェイプ・オブ・ウォーター」では弱者の存在を訴え、格差社会の盲点を鋭くついてきます。「万引き家族」では、血のつながりのもつ温かみと障がいを、又「こんな夜更けにバナナかよ」では私共高齢者への生きる価値を述べられ、柄にもなく微笑む。そして又「8年越しの花嫁」でのスティーブ・マックイーンの「君のことは愛しているけどもう恋していない」という名言は、今の私の胸中に刻まれる。……このように百花繚乱の語り尽くせぬ文章の中に、一本つらぬくものが「人間への愛の賛歌」である。人間というどうしようもない多様性と渾沌な中にいる私達であっても、尚、愛すべきものであるという温かみが読んでいるものを安心と明日への希望へと誘ってくれる。

二〇二〇年四月からの我が大学の学長として、どのような大学をどのような学生を育ててくれるのかに、期待が膨らんで来る。そして皆さんも、このエッセーに潜む人間、安東由喜雄新学長がどのような大学を創造していくのかを、胸をときめかせながら期待して頂きたい。そして支援して頂きたいことをお願いして挨拶と致します。

長崎国際大学
理事長　**安部直樹**

CONTENTS

CONTENTS

映画に描かれた疾患とペーソス

安東教授のシネマ回診2

三年目の納骨

死後三年経ってから行った父の「納骨式」で思ったこと

父は二〇一四年七月、肺炎をこじらせたことをきっかけに、二年半闘病した後旅立った。レスピレーター管理になった時、意を決して別府から熊本に救急車で運んだ。母は六〇年以上も暮らした別府を離れるのは嫌だとごねたが、無理やり一緒に熊本に連れてきた。いうまでもなく親を看取ることは仕事をもっている者にとって大変だ。

ご多分に漏れずわが家も、妻が同業者であることもあって父の看護がままならなくなり、それまで住んでいた熊本郊外の一軒家をそのままにして、病院の裏にあるマンションに引っ越した。母はしばらく私たちと同居した後、近くの高齢者マンションに入居した。

父が逝った後、母は勝手のわからない熊本で一人ぽつんと残された形になったが、何とか一人暮らしはできるので引き続きマンション暮らしを続けた。入るべき墓は別府の郊外にあるが、父をひたすら頼りにして向日葵のように生きてきた母は、墓への納骨をひたすら拒み、彼女のマンションの一室でそのまま遺骨とともに暮らしていた。

母は一年半ほどの歳月が流れた頃から少しずつ足腰が弱りはじめ、二年半ほど経った頃、マンションで突然倒れた。九死に一生を得た後、「なでしこ」という今の母の姿とはかけ離れた名の老人保健施設に入り一年近くが経過した。今年のゴールデンウイークは五連休に恵まれ、私も久々にまとまった時間ができたので、「そろそろ墓に納骨してやらないとお父さんもかわいそうだろう。成仏させてやらんといかんよ」といってみたところ、観念したのか母はついに同意した。

熊本から別府までは一五〇km以上ある。父を看病していた頃はまだ歩いて病院に通っていた母も、随分と背骨の変形が進み、腰椎の圧迫骨折も加わってほとんど自分で歩けなくなっていた。一日の半分以上ベッドで寝ている母を果たして車で三時間近くかかる別府の墓地へ安全に連れていくことができるのか心配ではあったが、妻の助けを得て、ここを逃してはその時は永遠に来ないと判断して決行することになった。母は「気分が悪い」などとぶつぶつ文句をいいながらもなんとか墓地まで耐えてくれた。

そもそも安東家は大分県、臼杵稲葉藩の祐筆をしていた関係で墓は臼杵にあったが、十数年前、高齢になったこともあり、母の独断で別府に移していた。その墓地は一万人以上が眠っている湯布院に近い、豊後富士といわれる由布山を見上げる高台にあった。親切な墓守のおじさんがいて事の次第を取り仕切ってくれ、厳かな気分のうちに父の納骨が終了した。母は「私が死んだら、パパの骨壺のなかに私の骨を少しだけ混ぜて下さい。きっとパパが喜ぶから」といっていたが、浮気性だった父は、「もう死んだんだからいい加減一人にしてくれ」と笑って言いそうな気がして私は思わず苦笑した。

「人は一体何時から石を拝むようになったのか」といったのは室生犀星だが、その言葉は「私のお墓の前で泣かないで下さい。そこに私はいません」という「千の風になって」という歌のモチーフと重なる。私も墓参りや墓掃除などといったセレモニーにはあまり興味はないが、いざ自分が入るかもしれない墓の前に立つと何故か厳かな気持ちになった。

死ぬのも一苦労だ。葬儀、火葬、度重なる法要、納骨。最近は家族葬が多くなったものの、それでも葬儀屋やそれに準ずる葬儀関連業者の導きがなければゴールまでたどり着かない。わが国では死亡した場所から即火葬場へというわけにいかないシステムになっている。私は死んだらできることなら葬式も何もせず、遺骨は別府湾に散布してほしいと妻に話しているが、果たして聞き入れてくれるものやら。

いくつになっても子供は母に褒められたいという本能のような思いがある。帰りの車の中で「あなたはずいぶん頑張って、偉くなったわね。どうしてそんなに頑張れるのかねー。私の遺伝かしら」と手前味噌のような話をして笑った。

孟母三遷の教えを実行した母の「今の姿」への思い

私の母方の祖母は上杉謙信が春日山城を構えた新潟の高田（今の上越市）で生まれた。名前をしんという。生家は浅葱糸を輸出する紡績業を広く営んでいた。何不自由なく育ち、長岡の大きな庄屋の家に嫁ぐことになる。贅の限りを尽くし、人力車を数十台も仕立てた嫁入りだったという。しかし、一人息子を溺愛した姑との折り合いが悪く、二年にも満たない結婚生活の後、離縁されてしまう。生まれたばかりの母を連れて高田に帰ったが、しんさんの父親は見識があった。「女が一人で生きていくためには手に職をつけなければだめだ」と彼女を諭す。当時の女性が手に職をもつといっても選択肢は限られている。結局彼女は、一念発起して東京に髪結いの資格を取るため上京するが、生まれたばかりの母を高田に残すことになる。しんさんの父親は、彼女を少しでも身軽にしてやろうと母を七人の子供に加えて八人目の養女とした。だから私の母と祖母は戸籍上は長女と八女という姉妹の関係になっている。高田は、「この下に街あり。小便すべからず」という立札が立ったという豪雪地帯で冬は雪に閉ざされる。

人はどんなに数奇な人生を送っても、暮らした環境が恵まれていたかどうかで幸せを判断するものだ。母の幼小児期の生活は北国のつましさはあったが、何不自由なく生活できたからか、母親と離れ離れになった寂しさもなければ、自分の不遇さを思ったことも一度もなかったという。私は大学入学に当たって浪人もしたし、医師になって病気もしたことがあって随分と母には心配をかけた。兄は文学青年と化し、病院勤務の薬剤師であった父の期待を裏切って私立の文学部に進んだため、私が医者になることに対する両親の期待は大きかった。

男ばかりの三人兄弟で、家計はそれほど楽ではなかったと思われるが、「親がしてやるべきことは教育で、そのためにはどんな苦労も厭わない」と譫言のように言い続けた母は、勉強となるとどんなサポートもしてくれた。英語だけは幼い頃から勉強しろといわれ、ＮＨＫのラジオ英語会話を小学校一年生の頃から無理やり聞かされたし、別府で一番の英語教師がいると聞くと習いに行かされたものだ。孟母三遷の教えを実行した母だった。

私のライフワークであるアミロイドーシスの研究についてはついに理解を示さず、「それは一体誰のために役に立つものなのか、もっと多くの人が苦しんでいる病気を何故研究しないのか」、というのが彼女の不満であった。しかし「私はあなたが熊本大学医学部に受かった時が人生のなかで一番嬉しかった」というところをみると少しばかりは親孝行はしているはずだ。

スウェーデンへの留学、検査医学の教授、神経内科の教授、そして医学部長と折々に母には報告してきたが、それがいったい何を意味するのか、半分くらいしかわかっていないようにも思える。かつて別府を襲った震度六の地震の時、私に覆い被さって半狂乱のようになった母、梅酒を飲んで全身に蕁麻疹ができ、一睡もできなかった夜、一晩中幼い私の体をさすり続けた母、その姿は今はもうなく、自分の母親の名前すら出てこないことがある母は、今本当はどう思っているのだろうか。「早くパパのところに行きたい」が最近の口癖だが、父を引き取った五年前、家内が内視鏡医をしていたお蔭で早期大腸がんがみつかり手術で完治したのは本当によかったのだろうかと思うことさえある。別府のホテルで少し失禁した母のために家族風呂を貸り切り、私は彼女を洗ってやるために一緒に風呂に入った。やせ細り背骨が歪んで老いさらばえた彼女に涙がこぼれたが、母は子供のように喜んだ。一八年前不慮の死を遂げた兄の死後、私は頼りにされてきたが自分自身いつ死んでもおかしくない年齢になると、何とはなしに重圧感がある。

今私が母のために想うこと、それは血のつながっていない母を自分のことのように心配し、献身的に介護する妻をねぎらう時間をもちながら、一日でも一時間でも母より長く生きることだということである。

（二〇一七年八月）

「ラビング　愛という名前のふたり」——人種間差別

人種の壁を超えた恋人たちの単純な夫婦愛の物語

黒人と白人の遺伝子の数、それによって作られるたんぱく質の総数はまったく変わらない。若干形質を左右する遺伝子の発現に違いがあるが、ヒトがヒトたる遺伝子に変わりはない。したがって、人種の違いがあっても両者の間で子孫を残すことに何の支障もない。一方、たとえば豚と人間ではそもそも染色体、それらに格納されている遺伝子の数が違うので相同組み換えは起こらず、結果、受精卵は誕生しないことになる。

では、何故白人と黒人ではあのように皮膚の色が異なり、形質が異なるのか。以前にも書いたが、約一六万年前、アフリカでわれわれの先祖であるホモサピエンスが類人猿から「分化」した。そもそも森で暮らしていた彼らは、サバンナに移動したが、暑さのために体毛を失わなければならなかった。しかしアフリカの大地に降り注ぐ紫外線を遮るためには、皮膚にメラニン色素を大量に発現させて体を守らなければならず、必然的に皮膚の色は黒くなっていった。六万年前頃から彼らの一部は北に向かって移動しはじめ、二〜三万年かけてヨーロッパに定住するようになっていった。しかし、彼の地はアフリカよりはるかに高緯度で紫外線量が少ないため、メラニン色素が多すぎると逆に紫外線を遮ってしまい、結果としてビタミンD不足が生じるようになった。当初、ヨーロッパに住むホモサピエンスはビタミンD合成不足から来る、くる病に苦しむようになり、皮膚の色の黒い黒人系の人々は淘汰されていったようだ。だから必然的にヨーロッパ人（コーカシアン）は北に行くほど色が白くなっている。私が住んでいたスウェーデン北部の若い女性は、息を飲むほどに色の白い女性が多かった。そういえばスウェーデン女優、グレタ・ガルボもイングリッド・バーグマンも当然のように色白である。一方、オーストラリア大陸に渡ったホモサピエンスはアボリジニと呼ばれているが、紫外線が強いオーストラリアでは、メラニン色素は温存され皮膚の色は黒いままである。オーストラリアでは紫外線が原因で起こる皮膚がんの死亡率がとりわけ白人で高いが、アボリジニではメラニン色素が紫外線をブロックしてくれるため、その発生率は低頻度のレベルに留まっている。

「ラビング」（ジェフ・ニコルズ監督）は、アメリカで今以上に黒人の差別が酷かった一九五〇〜六〇年代に起こった実話に基づいて描かれた白人と黒人の夫婦の人種を超えたラブストーリーである。一九五八年のアメリカでは、州によって異なってはいたが、バージニア州では黒人と白人の結婚は固く禁じられていた。当時、混血児が誕生することがキリスト教の精神に反するというのが理由の一つだったらしい。バージニア州は南部アメリカに位置し、黒人の奴隷制度が横行した州の一つだ。だから黒人の割合も多い。たとえ皮膚の色が違っていても当然惹かれ合う黒人・白人のカップルだってあるはずだ。愛の力は岩をも通し、不可能を可能にする。左官の白人リチャードと黒人のミルドレッドも当たり前のように恋に落ち、妊娠をきっかけに結婚を決意する。二人はこのような結婚が認められているワシントン

ＤＣまで何時間も車を走らせ、教会で永遠の愛を誓い合う。しかし、法の目はかい潜れない。地元に戻るとすぐさま警察に摘発され、「たとえ州外で結婚しても、バージニア州法のもとでは到底夫婦として生活することは許されない」とされ、留置所に入れられてしまう。白人のリチャードは翌日出所できたが、黒人のミルドレッドは一週間も拘束される。幸いにも白人の辣腕弁護士が力になってくれて、何とか危機は脱出できた。釈放されワシントン州で暮らす道を開いてくれたのだ。

　この夫婦は、当時の閉塞したアメリカの黒人の置かれた状況を十分に理解し、激しく抵抗したり、泣きわめくようなことはしない。運命を淡々と受け止め、愛を貫くためだけに、そして彼らの間に生まれた愛の結晶である三人の子供を育てるためだけに行動を貫く。武骨で不器用ではあるが妻と子供を守ることに一生懸命なリチャードは、ワシントン州に移住しても黙々と左官の仕事を続け家族を支える。そうした夫の愛をひたすら信じ、いつもまっすぐ彼を見詰めながらあわてず騒がず運命を受け入れていくミルドレッドの姿に、観ているものは引き込まれていく。

　何年かが経過する。ワシントンでの暮らしが板についてきた頃、都会の、子供のための十分な遊び場もない環境のなかで、ミルドレッドは次第に「故郷ののびのびとした緑のなかで子供たちを育てたい」という思いが募るようになっていく。彼女はその思いとともに異人種間の結婚を禁じる法律の違法性を司法局に宛てた手紙にしたためるが、運よくそれがケネディ司法長官の目に留まることになる。幾つかの偶然を経て、事態は彼らのために解決へと動いていく。ちょうどその頃高まっていた黒人の公民権運動とうまい具合に結び付き、異人種間の結婚も認めようという機運が高まってきていたのである。この夫婦の願いは黒人の公民権獲得というよりは、唯々愛する家族と一緒にいたい、という極めて素朴な、ヒトがもつ遺伝子の間隙に刷り込まれた本能のような願いであったことはいうまでもない。単純な愛の物語だからこそ、観ている者の心の奥底まで届いてくる作品である。

黒人・白人・黄色人種のそれぞれ異なる潜在能力

そもそも黒人、白人、そして黄色人種にはそれぞれに異なった潜在能力が培われており、卓越した部分には違いがあることはいうまでもない。これまでさまざまな研究者が違った観点からそれぞれの特性について分析し、記載してきた。そんななかで大論争を巻き起こしてきたのが、黒人のＩＱが白人より平均すると若干低いとする研究である。

かつてカリフォルニア大学などでは、ハンディキャップをつけないとアジア系の学生が圧倒的多数を占めて、黒人がほとんど入学できなくなるとする見解が発表されたことがあるが、この現象の説明は潜在的なＩＱというよりは所得や教育環境の違いに求めるべきなのかもしれない。ＤＮＡの二重らせん構造を明らかにし、ノーベル賞を受賞したジェームズ・ワトソンも、かつて「黒人の知性は白人と同じではない」という黒人蔑視発言をして、各方面からバッシングを受けた。黒人のＩＱについては『「反原発」の不都合な真実』（藤沢数希著）にも同様のことが紹介されている。

アメリカ人のなかにはアメリカを作ったのはＷＡＳＰ（White, Anglo-Saxon, Protestant）であり、人種的にももっとも優れているとする考えが古くよりあるが、それが大きな間違いであることはいうまでもない。そもそもＩＱが「知性、知能」の指標として適切なのかという本質的な問題もあるし、ＩＱはペーパーテストであり、より教育システムの進んだ先進国では、反復やトレーニング、マスコミの影響などによって「学習効果」が起こり、その値にバイアスがかかる可能性があるのも重要な視点であろう。

黒人の能力はとりわけスポーツや音楽の分野で卓越している。以前から特に短距離走は黒人のスポーツというイメージがあったが、最近はマラソンにおいても国際競技会で久しく白人がメダルを取れなくなってしまっている。今や四二・一九五㎞を二時間以内で走る黒人が現われようとしており、白人や黄色人種はこれにまったくついていけない状況である。これは単に黒人の骨格や筋肉、末梢神経が他の人種と違うからと説明しようとする向きもあるが、それらの能力は脳の機能と連動していることはいうまでもない。

そもそも長い人類の歴史のなかで、人種の違いがヒト社会に複雑な影を落としはじめたのはほんの数百年のことである。仮に黒人のＩＱが今の評価方法で低いということが事実であったとしても、知能を図る方法論が他に考え出されると、また別の結果が得られる可能性がある。明らかにいえることは今後急速にアフリカ時代がやってくるという事実である。その時どのような指標が世界を席巻するのかは、今は誰も知らない。ヒト社会では能力、魅力の価値、評価法は絶えずその時代のなかで変化してきた。どこかの国の指導者は「アメリカ・ファースト」と言い張っているが、その概念はとっくの昔にすでに成り立たない社会になっていることを知らなければならない。

（二〇一七年九月）

■「ラビング　愛という名前のふたり」（2016年／イギリス・アメリカ合作／123分／監督　ジェフ・ニコルズ）

「ロレンツォのオイル　命の詩〈うた〉」——稀少疾患

「稀少疾患」の研究・治療法の開発・患者心理の現実

　厚生労働省が推進してきた「特定疾患治療研究事業」とは、そもそも原因不明で治療方法が確立しておらず、かつ長期にわたって生活に支障がある特定の疾患について、都道府県が実施主体となり、原因の究明、治療法に関する研究の推進、および国と都道府県が患者医療費の公費負担を行うという制度である。この制度がはじまって数十年の時が流れたが、つい最近までずっと五六疾患に限られていた。しかし、二〇一五年突然のように三一〇疾患に増え、「指定難病」と呼ばれるようになったことは朗報であった。当然、稀少疾患として国が光を当てなければならなかった疾患がやっと日の目を見たわけで、その改革の意義は大きいが、不覚にもそのなかの数十の疾患はその病態はおろか名前すら聞いたことがないものであった。つまり、このような疾患はほとんどの医師が診療・研究にかかわっていない「超稀少疾患」であり、病態解明も治療法の開発もほとんど進んでいないので一般の医師はおろか、その筋の研究者ですら知らないような疾患がいくつもあることを物語っている。

　このような改革には問題もある。事実上、これまで五六疾患で分配してきた事業費を三一〇疾患で分け合うことになり（さらに五〇〇疾患に増やすという話もある）、「広く浅く」を目指した今回の「改革」

は今後、一疾患（もっというと一患者）当たりの事業費の支給が手薄になることを意味し、これまでの五六疾患を患い闘病してきた患者にとっては「改悪」ということになりかねないということだ。

　こうした稀少疾患に苦しむ患者の闘病の姿はこれまでいくつかの映画で取り上げられてきた。副腎白質ジストロフィー症を取り上げた「ロレンツォのオイル／命の詩」、フォン・レクリングハウゼン病を描いた「エレファント・マン」、ポンペ病の治療薬の開発を描いた「小さな命が呼ぶとき」、二二〇〇万人に一人の頻度で起こる超稀少疾患、ライオン病（頭蓋骨形成異常症）の「マスク」などなどである。稀少疾患のなかにはまだ原因が同定されていないものも少なくなく、個々の患者数を足し合わせると「大きな疾患単位」になることはいうまでもない。厚生労働省の支給する研究費、補助はどうしても患者数が圧倒的に多いがん、生活習慣病、アルツハイマー病などに偏っているため、こうした稀少疾患に苦しむ患者家族は圧倒的に苦しい。

　映画、「ロレンツォのオイル 命の詩〈うた〉」は副腎白質ジストロフィー症に苦しむロレンツォ少年と、何が何でもわが子を救おうとして孤軍奮闘する両親の格闘の歴史を描いていて胸を打つ。ロレンツォ君は数カ国語を話す聡明な少年であったが、この病気に侵されはじめ、知能の発育障害、歩行障害が起こってくる。慌てた両親はメイヨー・クリニックに連れて行き、そこで確定診断された後、研究者がいるというローマ大学に一縷の望みをもって訪れる。「この病気の治療法はないのですか?」（母）。「わずか一〇年前に明らかになった病気で、今のところ何も…」（医師）。「でも誰かが研究しているのでしょう?」（母）。「……」（医師）。

この会話が物語るように病気の原因の究明、病態解析、治療法の開発は、少しでも多くの医師・研究者がその稀少疾患に興味をもち、医療を行い、研究を始めないとどうしようもならない。だから患者にとって、何がもっとも不幸かというと、その病気にかかわる医師、研究者がいないことである。どんな病気でも、短時間にまるで知恵の輪がほどけるようなスピードで、病気を引き起こす原因分子の同定から治療法の開発まで、ひと飛びに進むことなどあり得ない。

患者・家族の協力なくしては進まない稀少疾患の研究

治療法の開発まで漕ぎつけた疾患の多くは、大抵病気の発見から治療法の開発まで数十年の年月を要している。最初に、診断法の確立のために行われる血液や生検組織が自分自身には還元されない。自分が死ぬまでには治療法の開発は間に合わないことを理解しながら検査に同意する患者がいて、さらに死亡して解剖に同意してくれる患者家族がいなければ研究は何も進まない。病理解剖は疾患の病態解明の基本であり、その疾患でどの臓器がどのように障害されているかを知るもっとも重要な情報源であるからである。治療法のない遺伝性疾患の研究の場合はもっと患者たちにストレスがかかる。自分たちにとって何も益にならない遺伝子異常を暴露され、プライバシーを侵害される。さらに、子供にまで遺伝する可能性がある恐怖を知ることになる。挙句の果てに治療法に関しては何も提示されないので患者の心理は複雑にならざるを得ない。

これまで不治の病とされてきた疾患のなかで治療法が開発されてきた疾患の多くは、患者と医師が力を合わせてこうした障壁を乗り越えてきた努力の賜物である。患者も医師も相当な「覚悟」がいるのだ。とりわけ剖検することに同意してもらうことはお互いの深い理解がなければ成り立たない作業となる。「これだけ夫は苦しんだのだから、もうこれ以上苦しめるのはやめてほしい」。これが患者家族の偽らざる思いであることはいうまでもないが、そこを乗り越えなければ、病態の解明は進まず、とどのつまりは治療法の開発に結びつかない。

私が研究してきた熊本県に患者の多い家族性アミロイドポリニューロパチーもすべては患者、家族の方々のご厚意による剖検組織の病理解析からはじまった。全身の臓器へのアミロイドの沈着を明らかにし、原因蛋白質である遺伝的に変異したトランスサイレチンの産生される臓器が主に肝臓であることが明らかになったのは、患者・家族の方々が涙を呑んで病理解剖へ同意してくれたからである。そのような知見をもとにして、病気の原因を起こす肝臓を正常の肝臓に取り換えてやると病気が進まなくなるものとして肝移植がはじまった。今から四半世紀以上前のことである。爾来、多くの患者さんがその治療の恩恵に浴し、発症して一〇年ほどで死に至る致死的な疾患であったこの病気の患者さんが、社会復帰するようにまでなっていった。そして、さらに治療研究は進み、薬物治療、遺伝子治療、抗体治療と開発が行われ、われわれの研究チームはその先頭を走って世界を引っ張ってきた。何故、熊本でこの病気の研究が進んだのか？　それは多くの患者さんが目の前にいたからである。

二〇一七年、思いもかけないことが起こった。地元の新聞社、熊本日日新聞社が授与する熊日賞を受賞したのである。若い頃は、もっと患者数の多い疾患、たとえばがんや糖尿病、脳卒中などといったありふれた病気の研究をしたかったが、それは若気の至りで、誤りであったことを痛感している。ひたすらこの病気の研究を続け、気がついてみると、多くの地元の患者さんの命を救うことができたばかりか、日本全国どこにでも患者さんがいることがわかり、さらには世界の至るところにいることがわかった。「Ｇｌｏｃａｌ」という言葉はｌｏｃａｌな活動をしながら、ｇｌｏｂａｌに広げていくことを意味する造語であるが、まさに私の研究はそうした研究なのかもしれない。七月五日、受賞式があった。短い受賞スピーチが求められたので、私はその最後をこう結んだ。「この栄えある賞を、今まで研究を支えてくれたすべての同僚とともに受賞させていただきます。この賞を今までこの病気で命を落とされたすべての患者・家族の方々、そして今なお闘病している患者さんに捧げます。そしてもう一人、この賞を、研究者・安東の最大の理解者で、研究をはじめた頃よりいつも横に寄り添い、声援を送りながら、支え続けてくれた恋女房の恵子にも捧げます」。

　最後の「恋女房」という言葉を受けて会場はどっと沸いた。「あれはやくざの言葉ですね」といってきた方がいたが、確かに任侠物の映画ではやくざの男が「恋女房のお春が…」などとよく使うので、偏見のある言葉かもしれないがさにあらず。辞書を引っ張ってみると、「恋しあって結婚した妻。結婚後も深く愛している妻。恋妻」とあるではないか。スピーチの折、横に立っていた家内はその言葉を受けて泣いていた。初心を忘れず、この疾患で苦しむ患者さんのために、そして稀少疾患で苦しむ患者さんのために、今少し研究を続けていきたいと心から願っている。

（二〇一七年一〇月）

■「ロレンツォのオイル 命の詩〈うた〉」（1992年／アメリカ／129分／監督 ジョージ・ミラー）

「わたしは、ダニエル・ブレイク」――昨今の福祉行政

かつての福祉大国・イギリスの現在の福祉の実態を描く

藁にもすがりたい気持ちでいる人を前にして、世の中には、「木で鼻を括ったような」応答、考え方をする人間がたくさんいることをわれわれは思い知ってきた。人はこうした人々を「心がない」と評する。「東日本大震災の時、福島で被災し避難した人々が家に帰れないのは自己責任だ」として物議をかもした大臣が、よせばいいのに今度は「首都圏ではなく、東北が震災のターゲットでよかった」といったものだから大臣を解任される羽目になったことは記憶に新しい。世の中には不幸な出来事、不幸な人々を自分の問題として投射できない類の人間が少なからずいるものだ。

ダニエル・ブレイクはイギリスの工業都市の一つ、ニューカッスルに住む六〇歳を超えた大工であったが、心疾患を患ったため、ドクターストップがかかり働く手段がない。妻には介護した果てに先立たれて久しい。子供には恵まれず、殺風景なアパートにたった一人で暮らしている。次第に経済的にも苦しくなり国の保護を受けなければならなくなっている。二〇一六年カンヌ映画祭、パルムドール賞を手にした映画「わたしは、ダニエル・ブレイク」（ケン・ローチ監督）の話だ。

彼はある日、福祉事務所を訪れるが、申請を通すためにはクリアしなければならない規則が多く、な

かなか生活保護を受けて補助金をもらう段階に行き着かない。この国も財政状況が逼迫しており、日本で問題になっているように不正受給者を排除していかなければならない状況がある。だから審査が厳しいのだ。さらに係員の負担を軽減するために申請書類は電子化されており、大工仕事だけを四〇年もしてきたダニエルにとってこれは拷問に等しい。コンピュータなど使う必要がなかった人間が一人で電子申請などできるはずがないではないか。それに拍車をかけるように福祉事務所の係員は総じて冷たい。援助を申請する人々に、どこかの国の大臣のように、「うまく生活できないのは自己責任だ」とばかりに冷たく見下した対応をとる。そうして申請者の心はますます凍り付いていき、その場の雰囲気は悪くなっていく。「俺はずっとまじめに税金を払ってきた。微力ながら国のために働いてきたのにこの扱いは何なんだ」とダニエルが思うのは無理もない。もっとも、役人の気持ちもあながちわからないわけではない。理屈がわからない初老の老人や母子家庭の困窮者などが大挙して訪れるが、圧倒的に人手が足りない状況がある。そんな折、二人の子供をもつシングルマザーのケイティが支援を求めて福祉課にやってくる。いろいろと相談しているうちに案の定、職員の心のない対応についに爆発、声を上げる。偶然居合わせたダニエルは共感からその場をとりなそうとするが貧者同士、ダニエルとケイティ一家はこの事件をきっかけに親しくなっていく。

　イギリスはメージャー首相の頃から、緊縮財政へと舵を切り、その結果福祉を切り詰め、申請書類の審査が異常に厳しくなっている。国連が障害者の基本的人権を組織的に侵害している国の一つにリストアップしており、査察を受けるまでのレベルになり下がっているという。かつて「揺り籠から墓場まで」

と福祉大国を誇っていたイギリスが、今や過去のお伽噺になっている。だから心あるものはＮＰＯを組織し、貧困者の衣食住を支えようとして活動しており、無料で食料などを配るフードバンク（生活必需品も併せて供えられている）が至るところにできている。日本で行われている路上生活者のための炊き出しと似たようなものだ。ある日ダニエルとともにフードバンクを訪れたケイティは生活必需品をどんどん籠に入れていくが、彼女は子供たちを飢えさせないため、何日かほとんど何も食べていなかったのであろう、みつけたビーンズの缶をその場で空け、激しい勢いで食べはじめるではないか。貧困であることはどんなにみじめなことか。われに返ったケイティは自分の置かれた惨めな境遇に改めて思いを寄せて泣きじゃくる。

　今のイギリスも日本と同じように貧富の差が激しい状況になっているのであろう。必死でアルバイトを探すが、資格など何ももたない彼女は、ついに生活を支えることができなくなり、ドラッグストアで万引きをしてしまう。その場は心ある捜査官の温情で無罪放免となるが、依然働き場のないケイティは場末の娼婦に身をやつしてまで子供を支えようとする。その姿はあまりに悲しい。

待たれる「難病患者の福祉」に取り組む政治家の登場

　しかし、ケン・ローチ監督は社会的弱者に優しい視線を送る。ダニエルが住んでいる貧しい住人ばかりのアパートの隣人は黒人の青年で、一見やさぐれているようにみえるが、実はダニエルに共感をもっている。また、冷たい事務所の役人のなかにも一人だけダニエルを気遣ってくれる中年の女性がいることを映画のなかで描いてくれる。みているものが何となく、世の中、「右も左も真っ暗闇」というわけではない気持ちになってくる。

話は進む。ダニエルは金も底を突く。ついに社会に対しての、福祉に対しての煮えたぎるような不満を胸に、福祉事務所の建物の壁に黒いスプレーで「I, Daniel Brake：俺はダニエル・ブレイクだ」と殴り描く。それは彼の精一杯の社会に対する抵抗であるとともに、どんなに社会の下層で生きていても、これまでしっかりと税金を払い、まじめに生きてきたことへの彼のプライドの表示であった。ダニエルは家具まで売りに出し貧困生活の急場を凌ごうとするが、そんななかで心臓の具合も悪くなっていく。ついに彼は、ある日事務所のトイレであっけなく突然死する。きっと心筋梗塞であったのであろう。

葬儀が行われることになるが、彼の教会での葬式は何と午前九時からのスタートだ。この時間は教会が空いているので借損料が安いのだ。イギリスでは、九時からの葬式は「貧者の葬式」といわれている。少ないながら友人も、そして彼に親身になっていた事務所の女性も列席し、ささやかだが心温まる葬儀がケイティの取り仕切りで行われる。彼女はそこで、弔辞の代わりにダニエルが役所に出そうとした人間の尊厳について書いた文章を読み上げる。彼はまじめに働き納税の義務という国民の義務を果たした小市民であったことが改めて伝わってくる。どんなに年老いても金銭的に余裕のあるものは自助努力をすべきであるが、いかに国の経済状態が思わしくないからといっても仕事ができなくなる年齢に達するまで社会に対して貢献してきたものに対し、きちんと敬意を払い、人間らしく生きていける最低の補償はしなければならない。

　私が診療している神経難病の患者も日々苦労している。かつて熊本のお隣の鹿児島大学第三内科は神経内科を主に診療していたが、医学生たちから「治らない、治療法ない、（けれど）諦めない疾患を扱っているので〝三ない〟科だ」と揶揄されたという。二一世紀に入り、新たな治療法が続々と誕生してきたこともあり随分その状況は改善されつつあるが、難病患者の福祉という点においてはいまだに深刻である。国には特定疾患補助というシステムがある。これは稀少疾患であり、慢性に経過し、治療法のない疾患、治療法があっても高額で国が補助しなければ患者が十分な医療を受けられない疾患の支援制度である。つい最近まで五六疾患であったものが現在は三一〇疾患が指定されるまでになった。さらにこれを五〇〇疾患まで増やそうとする動きがある。国の福祉にかける予算は今後増えようもない。そんななかで疾患数だけ増えていくと一疾患にかけられる予算はとどのつまり縮小せざるを得なくなる。

　生物製剤による抗がん剤、稀少疾患の酵素補充療法、低分子化合物による病態制御など、いわゆるdisease modifying therapy（疾患修飾薬）といわれる治療法の登場により医療費、薬剤費が高騰するなか、パイが決まっている医療費の分配をどうするのか妙案はまったくない。「弱者を守る。弱者に共感する」という、人間がもっている根本的でもっとも崇高な感情は、教育によって受け継いでいかなければならないが、わが身を賭してこの問題に真剣に取り組んでくれる政治家が現われないことには道は開けないと思う。われ、国の行く末を憂う。


（二〇一七年十一月）

■「わたしは、ダニエル・ブレイク」（2016年／イギリス・フランス・ベルギー合作／100分／監督　ケン・ローチ）

「ありがとう、トニ・エルドマン」――父娘関係

息子とは違う、娘に対する父親の独特の想い

私には現在中学三年生の娘がいるが、何故か息子とは違った独特の想いがある。息子は今や大学生になり東京に住んでおり、盆暮れくらいにしか帰ってこない。工学系に進んだ彼は、きっと社会のためになる仕事をして、いい女をみつけ結婚して、自分の信じた人生をひたすら走っていくだろう。そんな突き放した気持ちがあるが、娘はそうはいかない。知性美を感じる女性に育ってほしい。自分のような(?)いい男とめぐり合って幸せに暮らしてほしい。子供を産んで母として充実した人生を送ってほしい。できれば仕事をもって社会にも貢献してほしい。事故や性犯罪の餌食にならないでほしい…などなど。いけない、いけないと思いつつも、ついああだこうだとこちらが勝手に思い描いた人生を押しつけてしまうような発想に陥るのは何故であろうか。

　これまでみたこともないような展開の映画にめぐり会った。ドイツ・オーストリア映画、「ありがとう、トニ・エルドマン」（マーレン・アデ監督）の話だ。ドイツの田舎町で暮らすヴィンフリート（ペーター・ジモニシェック）には、ルーマニアの首都ブカレストに住んでおり、ドイツのコンサルタント会社の支社で働く一人娘、イネス（ザンドラ・ヒュラー）がいた。年の頃は多分三〇歳代の中頃であろうか。と

にかく冗談が好きなヴィンフリートは宅急便の配達人が小荷物を運んで来ても声色を変え、弟に成りすまして受け取ったりする。妻とは離婚したらしく、一人で生活している彼は、きっと寂しくて、そうでもしないと自分が保てない側面があるのかもしれない。そんな彼にさらに追い打ちをかけるような出来事が起こる。愛犬が死んだのだ。いよいよ身内は娘だけだ。しかしイネスは、たまに会っても仕事の電話ばかりしていて、ろくに話すことすらできない。もちろん娘を深く愛している彼は何とか関係を修復したいと願っていたし、何より娘のことが心配でならない。

　ヨーロッパは国が違っても飛行機で一時間足らずで行ける都市ばかりだ。彼は身軽になったこともあり、ブカレストに娘に会いに行くことにする。突然の来訪に驚くイネスだったが、やっぱり父のことは大切だ。一生懸命時間をみつけて相手をしようとする。しかし、何より仕事人間になっている彼女には時間がなく余裕がない。仕事に妨げられ会える時間は限られているし、そもそも性格が正反対な二人は、いつものように話がかみ合わず打ち解けることができない。何となく居心地が悪いヴィンフリートは、何日か一緒にすごした後、ドイツに帰って行く。仕事はうまくいっているとは言い難く、キャリア・ウーマンとはいうものの、日々の生活に閉塞感もあり、やっと父が帰りホッとするイネスだったが、やはり父は父。いかばかりかの寂寥感を覚えるのだった。

　ところがどっこい、ホッとしたのも束の間、何日かのインターバルの後、彼女のもとにトニ・エルドマンと名乗り、出っ歯の入れ歯をし、長髪のかつらをつけて変装した父が突然職場に現われるではないか。そればかりではなく、レストランやパーティーの会場などなど、至るところに出没する「トニ・エルドマン氏」にイネスのフラストレーションは頂点に達する。ついに観念したイネスは父をトニ・エルドマンとして商談の場に一緒に連れていくことにする。そこでも二人は衝突するが、そこは親子である。父親の言動のなかに、「開き直ること」の重要さを学んでいくイネスは一皮むけ、二人の隔たりは次第に埋まっていくのだった。

映画のなかでは開き直ったイネスが、会社の彼女のグループで結束を高めるために開いたパーティーで率先してヌードになったりするようになる場面が描かれるが、要するにフラストレーションが溜まっているのだ。

今のＥＵは、経済も人もボーダレスとなり混とんとしており、イギリスが脱退を決めたように閉塞感がある。そんななかで中東からの移民をもっとも受け入れているドイツはさらに閉塞感があるのかもしれない。この映画はそんな状況を描いている。

体臭を作るＭＨＣ遺伝子の類似性と好感度の関係

映画はおばあちゃんの葬式に戻ったイネスが父親の小道具である入れ歯を入れておどけてみせる場面で終わる。彼女は会社を辞め、新たに中国で働くという。日本人がワーカホリックであるというのは有名な話だが、今のＥＵも競争社会のなかでホワイトカラーもブルーカラーも生き抜くために、せこせこした生活を送っていることを窺い知ることができる。

この映画はこれだけのことを描くのに二時間四〇分も要し、少し退屈に感じる部分もあるとする評価もあるが、娘と父親の関係をこうしたタッチでコミカルに描こうとした映画はほかになく、不思議な感じのする映画である。ジャック・ニコルソンはこの物語にほれ込みハリウッドでリメイクするために版権を買ったというが、場所を今のアメリカに移してこうしたモチーフが魅力的に描かれるかどうかは疑問ではある。

先にも書いたように、父と娘の関係はなかなか複雑で母と息子との関係以上に性の問題が絡んでくる。それはそもそも、太古、男が食料を求めて漁に出て獲物をもって帰らなければならない「ハンター」であったことと無縁ではないのかもしれない。不幸なことに、「命の電話」という公的な電話相談窓口では、近親相姦を相談する電話が数%にものぼり、その大多数は父親と娘の性交渉であるという。

子供がそうした「秘め事」を抱え込んで、思い悩んで電話相談する姿を想像すると胸がつぶれる思いがするが、どんな理由があるにせよ、そうしたことに加担する大人は鬼畜というほかはないし、健全な家庭ではそうしたあさましい出来事は起こるはずはない。家庭に明らかに問題がある。人は生まれてくる環境も、父親も母親も選ぶことができない。一重に親の責任である。

ヒトにはそもそも、そうしたことが起こらないようにする防止装置が遺伝子の間隙に埋め込まれている。思春期になると多くの娘が父親の言動や匂いを嫌うようになるのは近親相姦を避けるための防御反応の一環であるといわれている（同じように思春期の男子も母親の干渉をうざいなどと感じるようになるのも、同じ原理なのかもしれない）。

面白い研究がある。ウェイン州立大学の研究チームが、思春期の子供に家族とあかの他人にそれぞれ三日間Ｔシャツを着続けてもらい、その匂いをかぎわけ、家族のものと他人のものとを識別させる実験を行った。結果は、父母は自分の子供のシャツを匂いだけでほぼ識別でき、子供も自分の両親のシャツを言い当てた。面白いことに、匂いの好みに関しては、子供も親も、他人のシャツの匂いのほうがいい匂いだとする回答が圧倒的に多かったという。特に母親は息子の匂いを、娘は父親の匂いを嫌うケースが多かったという。また、異性のきょうだい間でも同じような現象が認められたというから興味深い。

スイスで行われた研究はさらに科学的な考察がなされており興味深い。男子学生に二日間、同じＴシャツを着続けてもらい、そのシャツの匂いを女子学生に嗅いでもらい、「大好き」から「大嫌い」までを一〇段階で評価させた。女子学生は、免疫をつかさどる遺伝子型の一つであるＭＨＣが自分と合わない男子の匂いを「好き」と判断し、ＭＨＣが近いものの匂いを「嫌い」と判断したという。信じられないような結果だが、このことは本能的に遺伝子の似通った男子より異なる男子を好む傾向にあることを物語っている面白い研究である。

生物は繁殖するために知恵の限りを尽くし、合目的的に進化してきた。ヒトはヘテロなものをより好むように遺伝子にプログラムされている。ヒトの二万以上ある遺伝子には最低一〇カ所以上エラーがあり、近親婚で子供ができると、親と子の遺伝子は五〇％が同じであるため遺伝子疾患にかかる頻度が跳ね上がる。生物学的に繁殖形態をもっとも進化させた生命体であるヒトが近親婚につながる近親相姦を選ぶことは極めて非合理的な営みである。恋に落ちた男女が、「運命の赤い糸で結ばれていた」、と思ってしまうのは、無意識のうちにＭＨＣが遠いものをもつ伴侶を選ぶ運命にあることをいっているのかもしれない。

（二〇一七年十二月）

■**「ありがとう、トニ・エルドマン」（2016年／ドイツ・オーストリア合作／162分／監督　マーレン・アデ）**

「映画と恋と遺伝子と」——二〇〇回目の連載を終えて募る想いを

「鞍馬天狗」からはじまった映画を堪能し続ける日々

このコラムの連載がついに二〇〇回を超えた。『メディカルクオール』誌から連載のお話をいただいた当初は、「一年くらいでネタも尽きるだろう」、と高を括っていたが、意外にも一回の休載もなく、二〇〇回も続ける運びとなった。まったく想定外の「快挙」である。二〇〇一年四月号から二〇一七年一二月号まで、一六年九カ月間、このコラムのために書き続けたことになる。「無事之名馬」という発想で考えると、内容はともかく、これは大したことだということができる。

その間、私の身辺もいろいろと変化が起こった。開始当初は熊本大学大学院生命科学研究部病態情報解析学分野（検査医学）の講師だったが、やがて教授へと昇任し、今から六年前に神経内科学分野の教授に就任した。また、今年の四月からは、医学部長、研究部長を拝命し一段と忙しくなった。その都度連載をやめようと悩んでいるうちについに二〇〇回を超え、二〇一回を迎えた。感無量である。「会議とスピーチとスカートの丈は短いほどいい」というのは普遍的な事実だが、年寄りほどスピーチが長くなるのと同じように、長く医師、研究者を務め、生きてきた時間も長くなると、「伝えたい、書きたい」

と思うことがこんなにも溜まっていたのかと改めて驚いている。「私のエッセイを楽しみにしている」と、まったく知らない医療関係者や開業医の先生が声をかけて下さったり、お電話を頂戴したりして、このエッセイの愛読者層が思ったより多いことに驚いてきた。

　連載のお話をお受けした時は、どのような形で遺伝性疾患を紹介するか迷ったが、私にとって映画鑑賞は何より大切な趣味であり、そのなかには病気、遺伝、遺伝子の要素がいっぱい詰まっているため、映画と関連して遺伝性疾患を紹介するとより理解が深まるのではないかと考えた。それが高じて、ヒトの体の仕組み、進化の歴史、人生論まで発展した。幸い、映画自体にも興味をもって下さり、「あの映画、観ましたよ」と連絡を下さる読者の方がいたのも励みになった。なかにはどうみても駄作としか思えないものも少なくなく「今月でおしまいにしようか」と思い悩んだこともあった。しかし、そうした時に限って、編集者の中込典子さんがお褒めの寸評をお送り下さって、またその気になって次号を書き、これだけの時が流れた。

　私が映画館にはじめて足を運んだのは、四歳の時であった。両親に連れられて家の近くの場末の映画館で「鞍馬天狗」を観た。白黒の映画で、ばったばったと小気味よく悪人を切り捨てていく鞍馬天狗の恰好よさに心奪われ、母に風呂敷とおもちゃの刀を買ってもらい庭でその気になって盾の練習をしたのは遠い思い出で、思い出しては苦笑いしている。私が住んでいた別府の繁華街から一〇キロほど離れた亀川という地区は、別府市には含まれてはいるものの明らかに「田舎」で、別府の中心部に行く時、地域の住民は皆「別府に行く」といっていた。そこは別府文化圏ではないのだ。ちょうど、イタリア映画

「ニュー・シネマ・パラダイス」のように、当時の映画館は住民の憩いの場であり、結構客が入っていた。主に邦画を上映していたが、市川雷蔵、小林旭、石原裕次郎など男の生き様を漠然と学んだ。

私はテレビ隆盛期に小中学生時代を送ったため、そのあおりをもろに受けた映画産業の衰退期を目の当たりにしてきた。あっという間に亀川の映画館はパチンコ屋に姿を変えたし、別府の繁華街の映画館も減っていった。そんななかで、中学生くらいの頃まで、よくアメリカ軍の軍艦が寄港しており、それを当て込んでか小さな洋画館があった。兄は文学青年で、数々の翻訳本に触れる機会もあったし、定期的に購読していた映画雑誌『スクリーン』は衝撃であった。そうした洋画館で、その雑誌で垣間見たハリウッドやヨーロッパの名作映画、特にそのなかに出演している女優の立ち振る舞いを目の当たりにして心を奪われ続けた。

熊本大学の学生になった一九七〇年代、熊本市には名画館が三件あり、そこでも名画を堪能した。特に「テアトル電気」という映画館は名画三本建てを五〇〇円で観ることができた。

金欠病に苛まれていた学生の私には、その値段が有難く、足しげく通った。しかしこれも「ニュー・シネマ・パラダイス」のようにいつの頃からか廃館となり、今は駐車場になっている。

「映画」と「遺伝情報」に共通する「有限な命」と「愛」

「遺伝する」ということは親の遺伝子によって規定される形質を受け継ぐ、という極当たり前の摂理だ。それはそもそも子供にとって誇りであるべきである。しかし、親のもっている病気の遺伝子を引き継いでしまった場合、子供の想いは複雑であり、親は罪悪感に苛まれる。なかには治療可能なレベルにまで研究が進化してきたものもあるが、未だに当事者には冷たい視線が送られている。結婚、就職など人生のターニングポイントでこのことが影を落とす局面がある。ヒトは親も、もって生まれた体質も、そしてそれを規定する遺伝子も選ぶことができない。

体調を崩し思い悩み病院へ行き、検査の結果、遺伝性疾患に侵されていることを告げられた時、多くの人がまず第一に思うことは、わが身のことより、果たしてその病気が最愛のわが子、孫に遺伝するかということである。曽野綾子が『誰のために愛するか』に確かに記したように、燃える火の中に取り残されたわが子のために、親は無心で助けようともがくし、肝臓の難病を患うわが子には、ごく自然に自分の肝臓を差し出そうとする。親は子供の生命の危険にかかわることは全力で守ろうとする。それはヒトの進化の過程で、遺伝子の間隙にすり込まれ、継承されてきた「遺伝情報」の一つで、ヒトはそれを「愛」という言葉で表現する。

ヒトの親になるということは、そういうことなのだと思い知ったのは、上記のような遺伝性疾患に長らく深くかかわってきたからにほかならない。

連載で紹介した遺伝性疾患を扱った映画、こうした募る想いを描いた映画はまだまだたくさんあるが、そうした映画が観るものの心を捉えて離さないのは、人が愛という「遺伝情報」を共有しており、人の命は有限だからにほかならない。

何年か前のＮＨＫの大河ドラマ「天地人」は、上杉景勝を終生支え続け、上杉家の滅亡の危機を救った直江兼続の一生を描いたドラマであった。兼続は六歳の時、親元を離れ、お城勤めになる運命を背負うが、その時、母と離れ離れになることをむずかった。その時母は、「義」というもの、人生というものをわかりやすい言葉で優しく兼続に語りかける。「樹々が冬、そして来るべき春に備えて力を蓄えるために、もみじは秋になると散るのです。だから紅葉はかくも美しいのですよ。あなたも殿様のために立派に奉公をして紅葉になるのです」

実際には紅葉のような美しい老人にはめったに会えるものではないが、私もいい映画をいっぱい観て、さらに心を成長させ、美しい紅葉に近づく努力をして、ちょうど細胞がアポトーシスというメカニズムで新しい細胞と入れ替わるように散っていきたいと願っている。

きっと一〇〇年も二〇〇年も続く瑞々しい愛などあり得ないのだろうし、老化とともに瑞々しい感性も衰えていき、愛だの恋だのとお互いを強く意識しなくなるのは、人にとって好都合な生態防御反応であり自然の摂理であることはいうまでもない。超高齢者が、メラメラと恋心が燃え上がり、逢瀬を重ねていたのでは、とどのつまり心筋梗塞か脳血管障害を起こし、大変なことになるのは必定である。ある有名な病院の院長先生が「家内にとって私は腹違いの長男のような存在です」といっていたが、言い得て妙なる表現である。「いつも気になる存在だが放っておいても大丈夫」、家内にとって自分はそんな存在だといいたかったのかもしれない。恋は有限だからはかなくも美しい。だからこそ、有限ななかでの生への営み、葛藤を描く映画は尽きないし、観る者の心を捉えて離さない。

今後も可能な限りそうした映画を紹介しながら、数々の疾患と募る想いを書き記していきたいと希っている。

（二〇一八年一月）

「92歳のパリジェンヌ」——尊厳死

「死の恐怖は消えた代わりに深い悲しみが訪れた」

エジソンは「天才とは一％のひらめきと九九％の努力である」といった。努力は我慢しないとできない。「人生とは一％の喜びと九九％の辛抱である」、と思う瞬間がある、いや思うことが多いと書くべきかもしれない。ヒトは泣きながらこの世に生まれてきて、泣きながら死んでいく。生まれてくる環境も親も兄弟も選べやしないし、人生とはどうしようもないこと、我慢と諦めの繰り返しだ。ただ二つのことは選ぶことができる。生涯の伴侶と、死ぬ時期、場所である。わが国では自殺幇助は罪に問われるが、自殺の自由が保証されている。どのように死ぬのか、いつ死ぬのかは原則として自己決定権が残されている。パリにこの権利を主張し、パリジェンヌらしく品格を保ちエレガントに死んでいった女性がいる。ミレイヌ・J、フランスの元首相ジョスパンの母親である。「92歳のパリジェンヌ」（パスカル・プザドゥー監督）は、家族の反対を押し切って尊厳死を求めて実行した実話をもとにして描かれた心に迫る映画である。

　パリに住むマドレーヌ（マルト・ヴィラロンガ）は九二歳の誕生日を迎える。二人の子供、そして孫にも恵まれ、今はヘルパーの助けは借りてはいるものの何とか一人で生活している。かつては助産婦と

して活躍し、一見矍鑠とした普通の可愛いおばあちゃんにみえる。しかし、彼女は何年も前から一人でできないことが増えていっていることが気がかりだ。そんななかで迎えた誕生日である。彼女は家族全員が集まった誕生パーティーで、びっくりする話をはじめる。「私の人生は本当に幸せだったが、家族に迷惑をかける前に死のうと思う。二カ月後に自らの手で死にたい」と宣言したものだから大変だ。マドレーヌの性格を知り尽くしている子供たちは事の重大さを直ちに認識し、激しく反対する。「そんな話馬鹿げている」とまったく相手にしない息子のピエール。娘のディアーヌも、突然の母の宣言に当惑するばかりであった。残り二カ月、家族とマドレーヌとの濃厚な時間が流れていくことになる。

　そもそもマドレーヌは、三〇年も前から時が来たら自分は尊厳をもって死ぬつもりであることを家族には話していたが、子供たちはそんな話など現実味がなく、どうせ母親のたわごと、いずれ気が変わると高を括っていた。しかし彼女は、今が決断を下す潮時だと心に決めている。そんななかである夜、彼女は不覚にもおもらしをしてしまうが、さすがに恥ずかしさも手伝ってお手伝いのヴィクトリアに隠れてシーツを自分で洗おうとする。「それは私の仕事よ。あなたの仕事は死ぬことだけ」とマドレーヌを笑わせるヴィクトリアであったが、久しい以前からマドレーヌの世話をしていて、最近の衰えを目の当たりにしている彼女が発するこの言葉は、必ずしもジョークとはいえない側面がある。

　さらにマドレーヌの意を強くする事件が起こる。アパートでボヤ騒ぎを起こしてしまったのだ。軽いやけどを負って病院に担ぎ込まれたが、入院中にも失禁してしまい、看護師に紙おむつを履かせられるようになる。そんななか、病院の庭で不法入国の女性が産気づいたのを目の当たりにし、見事な手さばきで赤ちゃんを取り上げる。「自分は確かに老いたが、まだこんなところでは死ねない」。そう思ったマドレーヌは娘のディアーヌに頼んで病院を抜け出す。娘は少しずつ母の状況、気持ちを理解するようになり、寄り添おうと考えるようになっていくが、そう簡単に割り切れるものではない。錯綜した気持ちが彼女を苦しめるようになっていく。遂に夢でうなされるようになり、夫婦間もぎくしゃくしはじめる。一方、息子ピエールは尊厳死など絶対に許さないという姿勢を崩さない。「みんなの迷惑になりたくないのだったら施設に入ればいいじゃないか」と主張する。そして、マドレーヌが用意していた自殺のための薬を遂に強引に取り上げてしまう。しかし彼女の心は揺るがず、昔付き合っていた男性に会いに行って心の整理をしたりもする。

そして、遂に運命の日がやって来る。ディアーヌの家にピエールを除いて家族が集まる。そしてマドレーヌからかかった最期の電話を受けたのはディアーヌであった。「今から薬を飲むわ（この映画では薬は一体何であったのか明らかにされていない）。ピエールのことをお願いね」。この映画はディアーヌの「耐えられないと思っていたけど、死の恐怖は消えた代わりに深い悲しみが訪れた」という言葉で終わる。人はいつまでも凛として生きていたい。最期まで「美しくありたい」と願う。マドレーヌはその思いを貫き通し、最後に家族はそれを受け入れた。

尊厳死を受け入れる社会を作るという困難な作業

最近、「日本尊厳死協会 くまもと」の講演会に招かれ、この分野には素人に近い私は戸惑ったが、何とか日々の診療のなかから、尊厳死と関連するエピソードを紹介しお茶を濁した。その時、市の広報活動の一環として配られていた一枚のパンフレットが目に留まったが、それにはこう記されている。「救急車を呼ぶということは、命を救ってくれというメッセージです」。ごく当たり前のメッセージを記した一枚の紙に、今の医療が置かれた問題点と、死を意識しはじめ、豊かに尊厳をもって死にたいと願う高齢者の思いとのギャップをみる思いがした。

家族の一員である高齢者、それも何がしかの疾患で治療を受けている状態で、突然呼吸が苦しくなる、心臓がおかしくなる、意識が薄れる、手足が動かなくなる、などなど。特に病気闘病中の高齢者はいつ何時、このような事態に陥ってもおかしくない。とっさに救急車を呼ぶのは家族として当たり前の感覚だが、そのパンフレットは「ちょっと待って下さいよ。もう一度よく考えてみて下さい」と訴えているのだ。

現在のわが国の医療は、少しずつ尊厳死、それに関連する安楽死を受け入れてもいいのではないかとする方向に動き出してはいるものの、生命の危機に瀕した状況では、本人はともかく、家族が救急車を呼ばないという選択肢を選ぶのは相当決断力がいる。特に医師の場合は、いい加減な対応をすると、必要な医療をしなかったとして、下手をすると殺人罪に問われかねない。余命が限られている状態でも、「何もしないで静観する」ことは相当難しい決断になる。

　これが安楽死となるとさらにハードルが上がる。数年前、父が呼吸障害を患い長らく闘病したが、あまりに苦しがるので安楽死を病院に相談したことがある。主治医は大変丁寧に対応し、その病院の倫理委員会までかけて下さったが、回答は、実に当たり前のものであった。「現在のわが国の医療では、病状にマイナスに働く医療は一切できません」。私は今でも、父にはその後も苦しい思いをさせて悪かったと思っているが、自然経過に任せて死を迎えられたことをよかったと思っている。増える一方の超高齢者、増大する社会保障費、医療費。そんななかで、尊厳死を主張する患者の気持ちを大事にしながら、社会を整備していくことは重要な視点である。しかし、これはいうまでもなくかなり難しい作業になる。

　一方で、近年盛んに開発が進む高価な抗がん剤や生物製剤の使用についてもさまざまな議論がなされているが、正解にたどり着くことはできない。特にがんの場合は、高齢になる前に突然舞い込んできた不幸である場合も少なくなく、一縷の望みをもって「効かない可能性の高い高価な抗がん剤でも投与してほしい」と願う患者を、値段や適応を根拠に線を引いてしまうのも心情的にはなかなか難しい。

　今回紹介したマドレーヌの場合は、久しい以前から尊厳死を希求しており、九二歳になって体は衰えても心は矍鑠としており、家族もそれにうまく伴走できたが、おそらくこのようなケースは稀であろう。フランスでは首相の母という話題性も手伝ってこの問題は世間の注目を集めたが、案の定、この家族は殺人に力を貸したのだとする批判もあったらしい。

時代背景、家庭の状況、インテリジェンスのレベル、受けた教育の違いで、個々の意見が異なることは当然のことである。

（二〇一八年二月）

■「92歳のパリジェンヌ」（2015年／フランス／106分／監督　パスカル・プザドゥー）

昔からトラブルが続いてきた「私」の海外旅行の歴史

いうまでもなくボストン・レッドソックスはニューヨーク・ヤンキースと並び称せられる大リーグ屈指の強豪チームであるが、一〇〇年以上続く大リーグ史のなかで、ヤンキースがワールドシリーズを二七回も制覇しているにもかかわらず、レッドソックスは何度も地区優勝を果たしながら一九一八年から二〇〇四年に至るまでの間は一度もワールドシリーズの優勝経験がない。何故一九一八年以降なのか。アメリカ人はそれを「バンビーノの呪い」と呼ぶ。

この年、レッドソックスの花形選手であったバンビーノことベーブ・ルースがヤンキースにトレードされている。当時のオーナーであり演劇プロデューサーでもあったハリー・フレイジーがルースのトレード金をブロードウェイ・ミュージカル作品の制作資金に充てるためにトレードに出したという話がもっぱらである。ルースの移籍以降、主力選手がヤンキースに次々に流出するようになった。その後チームを立て直し、再び大リーグの強豪として君臨し続けたが、惜しいところでワールドシリーズのチャンピオンフラッグは逃し続けた。

アメリカ人は、ベーブ・ルースの打者としての偉大な記録に加えてその人懐っこい性格から彼をすごく愛しており、「ベーブ・ルースをトレードするから優勝できないんだ」という意味を込め、「バンビーノの呪い」と呼んだ。世の中には、理由は説明できないが、何故かそうなってしまうことをこのような呼び方をすることがある。バンビーノの呪いというほどではないが、私は、思えば昔から海外旅行というとトラブル続きだったことを、ニューヨーク、ＪＦＫ空港で成田行きの便を待ちながら思い出している。

スウェーデン留学中、夏休みを利用してヨーロッパ一周旅行で訪れたピカソの生まれ故郷、スペイン、マラガ駅。妻と話している隙に、パスポートの入ったショルダーバッグが置き引きにあい、土地の警察に捜索してもらったもののみつからず、夜汽車で八時間かけてマドリードまで行き、パスポートを再発行してもらったことがある。パスポートをもたない「安東由喜雄」が「安東由喜雄」であることを証明することは意外と難しい。スペイン人の日本大使館員は身元確認のために郷里の別府まで電話をかけた。電話口に出た英語の不得意な母に、「Are you Yukio Ando’s mother?」。沈黙が続くなかで、大使館の電話越しに、「母さん、イエスっていってくれ！」。私は喚いた。

リスボンからストックホルム行きの便で、タグが外れ、スーツケースが行方不明になったが、しつこい交渉の末、スーツケースに書いてあった住所が決め手となり一週間ぶりに手元に戻ったことがあった。ローマのテルミニ駅で、浮浪者に胸のポケットの財布を抜き取られたが、追いかけて取り返したことがあった。飛行機が遅れ、ローマ、レオナルド・ダ・ヴィンチ国際空港に深夜に着き、「親切な」タクシー運転手とおぼしきおじさんが、スーツケースをターンテーブルからさっと甲斐甲斐しく持ち運ぶので、その車に乗ったところ、実は白タクで、「一〇〇〇ドル払わなければ、イタリアマフィアに売り飛ばす」と凄まれたが、意を決して戦い、逆にとっちめたことがあった。

オールド・デリーで浮浪児に囲まれて身動きが取れなくなった日があった。ニュー・デリーの学会で下痢・発熱に苦しみ、帰りの飛行機はほとんどトイレがお友達となったことがあった。マレーシアで蛍狩りに行った帰り、盗賊に追いかけられそうになったこともあった。数年前のアイスランドの火山禍で、北回りの航路がすべて閉鎖となった時、特別講演に招かれていた私は、当初「行きようがない」とあきらめていたが、イタリア人の会長から、「南回りで来るべきだ」と矢のような催促があり、結局、成田→アブダビ→アテネ→ローマと経由して三五時間かけて学会入りしたこともあった。あの時は帰れるかもわからなかった。この時スーツを持参するのを忘れ、Ｔシャツで発表したのを覚えている。

アムステルダムでの学会に行くのに、インチョン空港で乗り継ぎ便の時間が少なく、スーツケースだけ積み残され、結局学会が終わった日にホテルに届いたこともあった。その間着替えもスーツもなく、ずっと機内で着ていたカーディガンで震えていたことを覚えている。

正月休みを利用してのニューヨーク行でも起きた災難

さて、二〇一七年の四月から医学部長を拝命した。正確にいうと、生命科学研究部長、大学院教育部長の三役を同時に拝命したので自分の時間はなきに等しく、海外の学会、研究打ち合わせに行くのも難しくなった。海外渡航は組織の長として危機管理上も望ましくはないことはいうまでもない。

二〇一七年は香港に一日、中国、済南に二日といった具合に短期の近距離海外出張のみを何とかこなしたが、今回は正月休みを利用してニューヨークに国際共同研究のために行くことになった。「正月くらい大学の雑事を逃れて、研究のことを考えながら、高校から親元を離れた大学生の息子とクロストークをするくらいは許されるだろう」と思い立った。息子を伴って二〇一八年一月一日朝、熊本を発ち、成田からニューヨークへ向かった。二日、三日といずれも日中に仕事をすませ、二日の夜はブロードウェイで「ライオンキング」の観劇、三日の夜はプロアイスホッケーのニューヨーク・レンジャースの試合を観に行った。ミュージカルは何といっても本場、ミュージカル俳優を目指して一万人が世界から集まってきているというなかで、俳優（この場合はストーリー上黒人か多いが）の声量、リズム感、コーラスの美しさに改めて舌を巻いた。アイスホッケーのほうは、やはりテレビでみるのとは大違いで、氷上でぶつかり合う選手の迫力とスピードに度肝を抜かれた。

私がライフワークとしている疾患の治療を睨んだ共同研究の話し合いは上手く行き、やはりフェイスツーフェイスの話し合いの必要性を感じ、来てよかったと思ったし、最近は会話が乏しくなっていた息子と、旅を通して絆を再確認できた。今年のニューヨークは異常に寒く終始零度以下で、移動はいずれも冷蔵庫に入ったような、肌を刺すような痛みを感じたが、三日の夜の早い時間には、次の日の朝の出発を前に無理を押して来てみてよかったと自己満足の世界に浸っていた。

ところがそこに飛び込んできたのがテレビの天気予報である。「四日の朝のニューヨーク地方はブリザードが予想され、すでにＪＦＫ発着の２７６便がキャンセルされています」。眩暈がした。明日出発して五日中に熊本に帰らなければ翌六日は年に一回の神経内科同門会がある。神経内科の同門が一堂に会し、池谷裕二さんや特別講演者も東京や新潟から呼んでいる。同門会長兼神経内科の主催者が公用にせよ出席できない。そんな馬鹿な！

即座にフロントデスクに駆け込んだ。「明日の飛行機は一〇：四五発だが、いつ出発したらいいだろうか」。「ご存知のようにマンハッタンからＪＦＫまでタクシーで三〇～四〇分ですが、吹雪のなかでは二時間はみておいたほうがいいでしょう。朝七時には出発しないと。でも欠航する可能性も高いでしょう。ニューヨークの空港は結構欠航します」。

果たして四日朝六時に身繕いをし、七時にタクシーでＪＦＫに向かった。吹雪をかき分けるようにゆっくりと車が進む。空港にやっと着き、まずは出発ボードを観た。「成田行き００９便、午後九：三〇発」。多くの便がキャンセルされているなかで、成田行きは約九時間の遅れにせよ日本に向かい、夜一一：三〇には着くというではないか。次の日早い便で成田から福岡に向かい、新幹線で熊本に向かうと同門会には間に合う。「やった～！」。私は思わず叫んだ。しかし、詳細は省くが最終的にはその日の飛行機は飛ばず、同門会にも間に合わなかった。

この一年間を象徴するような出来事なのかもしれない。「人は常に自然を学ぼうとしない」というが、医学生に、「危機管理こそ医師として、男としてもっとも重要なことだ」と常々いってきた私が穴があったら入りたいような出来事である。寺田寅彦の「天災は忘れたころにやってくる」という言葉を以前にこのコラムで紹介したが、私が旨としなければならないのは「災難は忘れたころにやってくる」という言葉か?!

（二〇一八年三月）

「疑惑のチャンピオン」——ドーピング

古代ギリシャまで遡ることができるドーピングの歴史

スポーツが身体にいいというのは妄想にすぎないのかもしれない。さまざまなプロスポーツ選手が晩年、身体の使いすぎや外傷により体調を崩し闘病することは少なくない。サッカー選手だったある著名人は、雨の前日には必ず利き足が痛み腫れるから、気象予報士より正確に雨の日を当てることができるというし、プロ野球の投手だったＫ氏も引退後利き腕の自由が制限され、痛むことが多いという。力士は太りすぎによる生活習慣病のためか、晩年脳血管障害、心臓病に苦しむ人が多いという。

素人の過多な運動も問題である。熊本には熊本城マラソンというフルマラソンのイベントがあり、うちの若い医局員も毎年何人か参加している。次の日跛行状態で出勤してくるものも少なくないため、その侵襲たるや相当なものであろうと考え、ある年、筋肉の傷害度を知るため、筋肉が壊れると血中に上昇するクレアチニン・フォスフォキナーゼ（ＣＫ）のレベルを測定してみた。基準値は２００Ｕ／Ｌ以下だが、いつもジョギングをして、みるからに身軽そうな医局員でも、フルマラソン後その値は６５０Ｕ／Ｌに上昇しており、あとの三人も出場に備えて走ってはいたはずであるが、２８６０、６５７０、８７６０Ｕ／Ｌと信じられないくらい高値を示していた。ＣＫレベルが一万から二万Ｕ／Ｌに上昇する

と、筋肉から漏れ出るミオグロビンが腎臓の糸球体に目詰まりして急性腎不全となり、血液透析を受けなければならなくなる危険性が生じる。マラソンは明らかに素人には危険なスポーツ、という認識が必要である。親しい某大学の整形外科の教授は、「関節、筋肉は消耗品。年を取ってからのマラソンなんてとんでもない。スポーツ推進論を唱える学者はいずれも早死にしている。ジョギングもよくない。やるならウォーキングですよ」といって憚らない。

　平昌オリンピックが終わり、いよいよ東京オリンピックの実感が湧いてきた。人間はどこまで高く跳び、強くなり、速く走れるのか。それを追求するためには環境の整備とそのためのお金が不可欠であるが、久しい以前からそのお金を誤った方向に使ってきた指導者、アスリートがいる。国際オリンピック委員会（ＩＯＣ）では、競技で運動能力を向上させるための不正を厳しく禁じるようになったが、過去に遡ってさまざまなアスリートがメダルをはく奪されている。二〇〇八年に行われた北京オリンピックで金メダリストとなった何人かのアスリートが、十数年経った現在なお過去の血液を解析し直し、ドーピングが発覚しメダルをはく奪されているのだから驚く。特に今回、あるアスリートの告発によりロシア選手の組織ぐるみのドーピングが明らかとなり、リオおよび平昌オリンピックの出場禁止問題にまで発展した。かつてハンマー投げの室伏広治選手も金メダリストだった選手のドーピングの発覚により金メダリストとなったのは記憶に新しい。ドーピングとは麻薬、ヤクの意味をもつｄｏｐｅが動詞になったものだが、その歴史は古く、古代ギリシャ時代には、競技者が興奮剤を競技前に使用していたことに遡る。一九世紀には競走馬に対して麻薬や興奮剤が用いられるようになり注目されるようになった。

ただ、禁止薬物の定義が必ずしもクリアではないし、薬物を除くと、他のことは何をしてもいいのかという疑問が残る。組織への酸素供給の効率を増すために、血中の赤血球が多いほど持久力がつく。そのため、赤血球を増やすエリスロポイエチン（ＥＰＯ）を点滴してはいけないことになっているが、低酸素下の高地トレーニングをしてこれを増加させるのはよいとする判断基準は果たして正しいのだろうか。結局、行きつくところ努力して運動能力を上げることはよいが、薬剤による行為は罪であると結論づけられるのかもしれない。

スポーツ界のビッグマネーとドーピングとの深い関係

ドーピングを扱った映画に「疑惑のチャンピオン」（スティーヴン・フリアーズ監督）がある。ロードレーサーのランス・アームストロングに焦点を当て、彼がドーピングに手を染め、数々の栄冠を手にしたことから虚像が生まれるが、今度は虚像を保つためにここまでやるのかというくらい、ドーピング隠ぺいに限りを尽くすその実態を明らかにした映画として興味深い。

アームストロングはロードレースで頭角を現しはじめた頃、一〇万人に一人の確率で発症する精巣腫瘍に罹患する。腫瘍は悪性で脳にまで転移していたが手術で回復し、執念のリハビリとトレーニングを経て奇跡の復活を遂げる。恐らくなかなか筋力が戻らなかったのであろう。この頃からドーピングに手を染めるようになる。世界最大の自転車ロードレースであるツール・ド・フランスで一九九九年にはじめて優勝、二〇〇五年にかけて前人未到の七連覇を成し遂げるが、この頃には専属の医師を含む「チームアームストロング」なるドーピング隠ぺい組織ができあがっていた。彼は私生活でも幸せな結婚をし、凍結保存していた精子を用いた人工授精で三人の子供にも恵まれている。がん撲滅キャンペーンの陣頭に立ったりしたのは、正義感をアピールし、ドーピングをカモフラージュする目的だったのかもしれない。

巨額の富と名声を手にし、不治の病から生還したアームストロングだったが、かつての同僚の告発により、あっけなくドーピングが発覚し、もろくもスターの座から転がり落ちることになる。彼が行っていたドーピングはEPO、自己血輸血（血液ドーピング）、テストステロン、副腎皮質ステロイド、そしてそれらの使用を隠すためのマスキング剤の使用とすさまじいが、他の競技者にも横流ししていたことも明らかになっている。

映画では自転車の競技場へ移動中のバスのなかで、彼とチームメンバー全員が体を横たえ、スポーツ医学の権威であるチームドクターが編み出したハイブリッド血液の点滴を受ける姿や、レース直後に行われるドーピング検査の直前に、大急ぎで点滴をして、薬剤の血中濃度を希釈しようとするシーンが余すところなく映し出され驚かされる。ビッグマネーが動く世界規模の大会では、さまざまな人々が彼の恩恵にあずかろうと集まってきて、それに応えるためにもドーピングに走っていったことは想像に難くない。しかし、この映画に登場するアームストロングという男は、もはやアスリートなどではなく長年にわたり世間を欺き続けたペテン師と呼ぶほかはない。

古代ギリシャのオリンピックでは綱引きのような素朴な競技があり、高等なトレーニング技術など入り込む余地はなかった。しかし、アマチュアリズムに徹していたオリンピックにコマーシャリズムが入り、世界規模でアスリートの能力の限りを尽くした姿がテレビでリアルタイムに映し出されるようになると、ビッグマネーが動くようになる。そこにアスリートのプロ化を認めたことが拍車をかけたことは否めない。かつてオリンピック選手は清貧であった。しかし、今は競技に出場してメダルを取ることイコール富を手にすることに代わってきている。銅メダル獲得と四位は天地ほどの違いがある。この状況は、かつて社会主義国家のアスリートが、メダリストになると国威高揚に貢献したものとして一生を保証された状況と変わらないのかもしれない。

　小池百合子東京都知事の誕生により、オリンピック開催の裏事情が少し明るみに出るようになり、開催するとどんなに金がかかるかが改めて明らかにされた。このままの状況が続けば、開催できる都市はなくなるであろうと心配されている。

　一方、アスリートの状況に目を向けると、やはり金の問題が大きくクローズアップされる。金にものをいわせて一人のアスリートに「チーム××」と称して巨額の金を投入し、臨床心理士、トレーナー、コーチ、栄養士、家庭教師をつけるようになっているが、この事実は、もしかしたらとどのつまり、人工的なロボットのようなアスリートを生み出すことにつながらないのだろうか。競技にもよるが、今後ますます金がなければ勝てない状況が加速されるであろう。オリンピックはヒトのもてる能力の極限を競う場であるべきであると思うが、今の状況が続くといつか破綻するように思われてならない。

（二〇一八年四月）

■「疑惑のチャンピオン」（2015年／イギリス・フランス合作／103分／監督　スティーヴン・フリアーズ）

「スリー・ビルボード」――わがまま遺伝子

最愛の娘がレイプされた時、母はどう行動するのか

ミルドレッド（フランシス・マクドーマンド）は許せなかった。何の罪もない最愛の娘がレイプされたうえ焼き殺されるという、母親にとって受け止めようのない犯罪に巻き込まれて以来、七カ月経っても警察は犯人の手がかりすら示そうとしないからだ。犯人も警察も許せない。

彼女はミズーリ州の田舎町、エビングに住む、とうに五〇歳をすぎた二児の母親である。夫は一九歳の愛人を作って家を出ていって久しい。娘が殺された場所は、地元の人が「道に迷った奴かぼんくらしか通らない」といっている、人寂しい田舎道の道端である。そもそも遊んでばかりいる娘に、「ママ、車を貸してよ」といわれた時、不満が募り「歩いて行けば」と冷たくあしらった矢先の出来事であり、そのこともミルドレッドの辛い思いに拍車をかけている。映画「スリー・ビルボード」（マーティン・マクドナー監督）の話だ。

彼女はその場所にもともと立っていた、朽ち果てそうな三枚の大きなビルボード（広告看板）に、真っ赤なペンキを塗った広告を出すことにする。「レイプされて死亡」「犯人逮捕はまだなのか？」「何故なの？　ウイロビー署長！」。彼女は一向に進展しない事件の捜査に業を煮やし、躊躇する広告会社の

社長を説得して、この衝撃的なフレーズの広告を一年間出す契約を交わしたのだった。名誉を傷つけられたウイロビー署長は、二人の可愛い娘と美人の妻に恵まれ、理想的なアメリカンファミリーをはぐくんでいるかにみえた。その仕事ぶりはヒューマニズムに溢れ、住民の心を掴み、人格者として地域住民から尊敬されていた。したがってミルドレッドの行為は、警察のみならず住民まで敵に回すような蛮行と思われた。署長はこの広告に絶句し、ミルドレッドに取り下げるよう説得しようとするが、彼女はそんな話をおいそれと聞くほどやわな女ではない。ウイロビー署長には秘密があった。すい臓がんに侵されており、かなり進行していたのだった。余命幾ばくもない体でも立派に仕事をしていたが、この唐突な広告は堪えた。「俺はがんを患っている。後がない。広告を取り下げてくれないか」「あんたの体のことは町中の人が知っているわ。死んでしまったあとじゃあ意味がないでしょう」署長の言葉に何ら動揺することなく平然と受け答えをするミルドレッドはまさに鉄の女である。署長はがんで苦しんでいたし、そんな折広告がとどめを刺したのかもしれない。彼はある日、家族と夕食をともにしたのち、拳銃で頭を撃ち自らの命を絶ってしまう。

　署長には彼を父親のように慕い、「愛して」止まないディクソンという部下がいた。切れやすく黒人の被害者に平気で暴力をふるうような「やさぐれ警官」ではあったが、彼は実はゲイであり、男らしい署長のことを慕っていた。署長の死を知ったディクソンは深く悲しみ、ミルドレッドの行動を許すことができず行動を起こす。広告元の会社に乗り込み、社長を窓から放り投げ、大けがを負わせる。一方、ウイロビーの死後、新しく就任した署長は、いろいろと事件を起こすディクソンをいとも簡単に解雇してしまう。

ミルドレッドの怒りの火はこんなことが起こっても消えることはない。真犯人をあげるため、警察にきちんと捜査してほしいという思いは募るばかりであった。ある時、別れた夫が、「みっともない広告だ。町民を敵に回すような真似はするな」と忠告しに来るが、この言葉もどこ吹く風、聞く耳をもたない。件のビルボードが何者かによって放火され、もはや修復不可能な状態になっても、彼女は決して負けず焼け焦げたビルボードにもう一度同じ赤いペンキを塗り、元通りに修理してしまう。ある日、思いあまった彼女は、遂に深夜、警察署にいくつもの火炎瓶を投下し火災を起こすが、ちょうどそこには解雇されたばかりのディクソンが、ウイロビーの遺書を受け取りに来ていた。彼はそこで大やけどを負い、命からがら助け出される。九死に一生を得、皮膚はケロイドになるが、彼の心はこの時から変貌を遂げていく。それはウイロビーの遺書に次のような言葉が記されていたことが大きい。「警察官にもっとも大事なものは愛だ。愛は平静を導き、平静は思考を導く。拳銃はいらない。憎しみもいらない」。

ディクソンはこの言葉をきっかけに、世の中の不条理に対する心のいら立ちが収まるようになり、許せなかったミルドレッドの行動も許せるようになっていく。

「わがまま遺伝子」が支配する生命体の行動

しばらくして火傷も快方に向かったディクソンは退院し、ある日、居酒屋で酒を飲んでいた。ところがそこで、いきずりの客が、「女をレイプして殺した」と言っているではないか。耳をそば立てれば立てるほどミルドレッドの娘の事件に酷似している。彼はその男が犯人であると確信する。さすが警察官だっただけのことはある。とっさにその男に殴り合いの喧嘩をふっかけ、血を流させ、DNAを取るため血液を採取することに成功する。彼はそのことをミルドレッドに告げ、期待をもたせるが、捜査の結果、結局娘を殺した犯人のDNA情報とは一致せず、その男にはアリバイもあることもわかり、真犯人は別人物であることがわかる。娘を殺したのはその男ではないが、極悪人を放っておいていいのか？ディクソンが得た情報をもとに、ある朝、彼はミルドレッドとともにその男に制裁を加えるべく、銃をもって旅立つ。彼らが神に代わって罪を裁くのか、結果を語らないまま映画は終わる。何ともやるせない映画である。

　映画を観ているものは当然、これが自分の娘だったらと思わずにはいられなくなる。犯人を「殺してやりたい」と思うのは当たり前だろうとも思う。そうした思いは、これまで子供を失い、記者会見で被害者の家族が繰り返し主張してきた共通の言葉であった。ただ、果たしてミルドレッドのように社会を敵に回してまで戦うことができる人がどれほどいるのかはわからない。何故ヒトは、こうも肉親の命を愛おしいと思うのか。果たしてそれはヒトの遺伝子に組み込まれた遺伝情報なのか。ドーキンスは生命体の行動は、すべて遺伝子によって支配されており、「わがまま遺伝子 (selfish gene) がすべてを突き動かしている」とする論文を書いた。彼の考えでは、遺伝子の目的は、とどのつまり遺伝子自身のコピーを増やすことであり、遺伝子は自分の遺伝子に似た遺伝子をもつ個体を助けることによって、その個体のなかにある自分と同じ遺伝子コピーを守るように行動すると考えた。だから自分ともっとも似た遺伝子をもつ子供の命を守ろうとするのだ、とドーキンスはいう。

働きバチは、自らは子孫を残さずひたすら女王バチのために働き続ける。ドーキンス理論でこれを説明すると、働きバチのもつ遺伝子にとっては、自身が繁殖し五〇%だけ自分の遺伝子をもった子を作るよりも、女王バチの繁殖を助けて共通遺伝子をもつ「仲間」をたくさん増やしてもらい、それらを育てることが遺伝子コピーを効率よく増やすことにつながると考えられる。ヒトにおいても血縁を中心とした行動を本能的に起こす現象が報告されている。ヤノマモ族という部族では、争いが起こると必ず味方のなかでも血縁度の高い者に味方する行動をとることが知られている。またカナダの研究では、義理の親と子供が同居している場合、子殺しの起こる頻度は血縁関係のある親子の同居時の殺人に比べ数十倍にのぼることが明らかにされている。

ミズーリ州といえば、ファーガソンで白人警察官による黒人青年射殺事件が起こった地域である。この州は八三%を白人が占めているが、低所得者も多く犯罪が絶えない治安の悪い州の一つとなっている。このような背景をもとにこの映画を考えると、今のアメリカ社会が浮き彫りになってくる。実際はウイロビー署長のほうがずっとヒューマニズムにあふれ、人として魅力があるのに、ミルドレッドの置かれた境遇のなかで彼女の気持ちに投射しながらこの映画を観ていくと、彼女に次第に共感していく自分にハッとするのは、自分もまたわがまま遺伝子に突き動かされて生きているからなのかもしれないと思ったりする。

（二〇一八年五月）

■「スリー・ビルボード」(2017年／イギリス・アメリカ合作／116分／監督　マーティン・マクドナー)

「ヒポクラテスたち」――当世医学生気質

「おおらかな」時代の医学生を描いた「ヒポクラテスたち」

「君たちは人間の病気で、名前がついているものがいくつあるか知っているかい？　約二万五〇〇〇あるんだ。そのなかで治療法がわかっているものは約五〇〇〇しかないんだ」

映画「ヒポクラテスたち」（大森一樹監督）のなかでポリクリ（臨床実習）の学生たちを前に、担当教官がマイケル・クライトンの小説『緊急の場合は』に書かれている文章を紹介する場面だ。あれから四〇年近く経つが、発掘される新しい疾患、新しい治療法は増える一方だ。

この映画は大森監督が在籍した京都府立医大や東邦大学病院で撮影されているが、ところ変われど当時の医学生がやっていたこと、受けていた教育システム、そして抱える悩みはどこも同じで、当時熊本大学の医学生だった私は観ていて大いに共感を覚えた。終生臨床を基盤にして研究をしたいと漠然と思ってはいたものの、どの診療科も何らかの魅力があり、どこに進むかは決めきれずにいた。手塚治虫が小児科医として登場したり、「普通の女の子にもどりたい」と宣言して引退したばかりのキャンディーズの伊藤蘭が女子医学生として登場したり、医師である大森一樹が監督をしたりと、この映画は何かと話題も多く、その年のキネマ旬報三位にランクされている。その映画を三六年ぶりに再び観た。

荻野愛作（古尾谷雅人）は洛北医科大学の六年生である。四年生までの座学を終え、五年生から六年生にかけて数名ずつに分かれて臨床の教室を回るポリクリが行われている。当時の患者のプライバシーはいわば野ざらし状態で、医学生が、あまり制約なく問診や診察を見様見真似で行う「おおらかな」時代であった。当時「プラカン」と呼ばれた臨床講義では、大きな講義室に患者を引っ張り出し、学生の目の前で患者の胸や患部を晒しながら診察が行われ、教授がその所見のコメントをする、といった今では考えられないような授業もあった。

産婦人科や泌尿器科のポリクリでは、どうしても性的な問題が絡み、医学生にとっては目にするもの一つひとつが興味津々で、まったくお恥ずかしい話だが、そうした科で垣間見た患者の話を、男子学生同士で時として面白おかしく話したりした。「そういう時代」だった。

愛作のポリクリグループには、親が産婦人科医でなんとなく医大に進学した河本一郎（光田昌弘）、地域医療への情熱に燃える大島修（狩場勉）、すでに三〇歳をすぎ妻子がありアルバイトをしながら大学に通っている加藤建二（柄本明）、野球少年がそのまま医学生になったような王龍明（西塚肇）に加え、いつまでたっても医学部になじめない、優等生の木村みどり（伊藤蘭）がいた。映画では、それぞれの学生が将来への不安や私生活の問題を抱えながらも、臨床実習を通して次第に医者として成長していく姿が描かれている。にせ医者が引き起こす医療問題や、一県一校の新設医大に加えて、防衛医大や自治医大、産業医大といったそれまでとは異質の医大が登場してきて、その存在をめぐり議論が巻き起こっていた時代である。まだ救急医療が整備されておらず、患者が病院をたらい回しにされた後、死亡する事件が次々に社会問題となっていた時代でもある。これに対して立ち上がった徳田虎雄が徳洲会病院を全国に作りはじめ、医師会と対立していた。徳洲会の職員が熊本にも来て講演会をしたことを今でも鮮明に覚えている。そうした時代背景をうまく折込んでストーリーを展開させた監督の映画作りは特筆される。

愛作には付き合っている彼女がいる。図書館の司書である。その彼女が妊娠する。二人は中絶の道を選ぶが、彼女の術後の経過がよくない。ある夜、あまりの腹痛のため、川本に頼んで父親に応急処置をしてもらうが、結局軽快せず、京都の田舎に入院したまま帰っていく。彼女自身も、父親も兄も特に愛作を責めようとはしない。それは愛作の人間性のなせる技かもしれないが、医学を極める者に対する当時の日本人のリスペクトと寛容さがまだ残っていた時代だったのかもしれない。後にマスコミによって明らかにされるが、彼女が手術を受けた産婦人科の執刀医はにせ医者だったことが判明する。愛作はこの事件を機に心の平穏を失う。

そもそもみどりは高校時代成績がよかったので、親に勧められて医学部を受験し、現役で合格し、入学後もまじめに勉強し、成績は上位だった。しかしポリクリで常に死と隣り合わせの臨床現場での体験、患者との触れ合いや救急医療を体験するなかで、自分は医者に向いていないのではないか、という思いに苛まれていく。結局彼女は卒業直前のある日、自ら命を絶つ道を選択する。

「勉強ばかり」で「人間力」を養う余裕のない現在の医学部教育

あの頃学生だったわれわれの世代は二年間の医学部進学課程（教養教育）を経て三年生から専門課程がはじまり、やっと医学生になった実感がわいた。入学して二年間は英語・数学、第二外国語、社会学などの授業を受けたが、勉強とは名ばかりで、まったく馬鹿になるくらい遊んだ。映画好きの私は二年間でポルノ映画を含む三〇〇本近い映画を観たし、本もよく読んだ。母に二万円もらい夏目漱石全集を買い、むさぼり読んだ。ずいぶん飲みにも出かけ、やんちゃなこともし、恋もした。ラグビー部に入ってタックルで左耳の鼓膜を破った私は、あっさりやめ、ひょんなことから地元のラジオ局に出入りするようになり、足かけ五年間自分の番組をもっていた。あの頃の自分を振り返ると赤面するような思い出も多いが、そんななかでいかばかりかの人間形成もできたような気がする。

今の医学生はあの頃と比べて圧倒的に余裕がない。人生のことを深く考えたり、愛とか恋とかで悩んだり、部活に没頭していたりすると留年する可能性があるとまで考えている節がある。大学によってその割合は異なるが、入学時の仲間のうち、約三割が途中で留年を経験し卒業を迎える時代になった。今は四年から五年に上がる段階で基礎、臨床の知識を広くコンピュータを使って問うcomputer based test（CBT）と臨床診断実技試験が義務づけられ、国家試験と合わせ二回のチェックポイントを経て医師になるシステムが導入されている。勉強ばかりで、「こんなはずではなかった」と心がおかしくなる学生が後を絶たないので、どこの大学でも精神科が中心となって学生のメンタルケアをするシステムが作られている。

さらに医学生を苦しめるのは、アメリカで医師をするための国家試験である Educational Commission for Foreign Medical Graduates（ECFMG）の受験資格が、二〇二三年から国際認証を受けた大学医学部の学生にしか認められないようになったことだ。日本の医学教育はグローバル化が著しく遅れて、明治以来、まるで携帯電話のようにガラパゴス化しており、今のままではとても国際基準を満たさない。これまでの教育は座学が中心で、実習型の教育は六年間で四〇週ほどしかなかったが、アメリカでは久しい以前から七〇週以上の実習教育を行っており、これを日本の教育にも求めてきている。だから抜本的なカリキュラムの改定が必要になる。アメリカ型の教育システムは、教養や基礎医学を含む幅広い医学知識を習得することを目的とせず、専門医を育てることを目的にしているかにみえる。Early clinical exposure と呼ばれる早期臨床体験実習が一年生から入ってきて、基礎医学や教養教育にどっぷりつかる余裕など今の学生にはもはやなくなってしまっている。医学部の医学専門学校化が進む危険性がある。

熊本大学では最近ドラスティックなカリキュラムの改定を行ったところ、二年生など夏休みが三週間ほどしか取れなくなってしまった。こんなことでは豊かな人間性をもった知力、体力、気力、心が充実した学生を養うことはとてもできないように思える。患者の話を聞く、患者の心に寄り添うように診療する、メディカルスタッフと良好なコミュニケーションをとりながら診療する、などといった人間力を、一体どこで養っていくのか。診療スキルだけは以前の医学生よりも秀でているものの「患者の心」に寄り添えない医師が増えているような気がしてならない。未来の医師は一体どうなっていくのか。ＡＩが医療にどうかかわっていくのかも大きな問題である。大変な時代がやってくる予感がする。

（二〇一八年六月）

■「ヒポクラテスたち」（1980年／日本／126分／監督　大森一樹）

「シェイプ・オブ・ウォーター」――排他主義

半魚人と声を失った中年女性のラブロマンスを描く

進化の過程で、ヒトはさまざまな異物を排除し疫病から体を守る仕組みを獲得した。〝Immune system〟という英語を「疫病を免れる」という意味で「免疫」と訳した学者のセンスは素晴らしい。まさに疾病を免れるために異物を排除するシステムが免疫の仕組みである。この免疫には、もともと体に備わっている原始的な防衛機能で、マクロファージ、好中球、NK細胞などが異物を攻撃したり、処理したりする役割を担う自然免疫と、T細胞やB細胞といったリンパ球が異物を抗原として認識して排除する獲得免疫の二つがある。すでに出会ったことのある異物に対しては、特異的なリンパ球が記憶細胞として存在しているため速やかに対応することができる。この現象は免疫記憶と呼ばれ、獲得免疫の最大の特徴である。一度麻疹で苦しんだ人が終生この病気を罹患しなくなったり、天然痘の予防接種が感染を未然に防ぐのは、リンパ球に異物を認識する記憶装置が備わっているからである。ヒトの心にも免疫と同じく「異物」を排除する心の仕組みがあるのかもしれない。

映画「シェイプ・オブ・ウォーター」（ギレルモ・デル・トロ監督）は、まるでヒトの免疫システムのように、マイナーな存在を「異物」として認識し、排除、攻撃しようとするわれわれの心の性のようなものを描いていて引き込まれる。ソ連とアメリカが、軍事力から宇宙開発に至るまで世界の主導権を握ろうと凌ぎを削っていた一九六二年のアメリカが舞台だ。どういういきさつなのかははっきり語られていないが、声を失った中年に達しようとしているイライザは映画館の上にあるアパートに独りで暮らしており、国家の機密を握っている航空宇宙研究センターで清掃婦として働いている。首に三本の傷跡がくっきりあるのは幼い頃に負ったもので、それが原因で声を失ったようである。彼女の隣人にはゲイで絵描きの初老のジャイルズがいるが、困った時には何でも相談に乗ってくれる友人である。センターの清掃作業のペアーは黒人のゼルダである。この女性も心ある女性で、不器用な彼女のことを守ってくれる存在である。イライザはとりわけ美人でもなく声も出ず、清掃婦のなかにあっても目立たない存在であったが、日々淡々と清掃作業をこなしていた。

　そんなある日、センターにホフステトラー博士が得体のしれない生物の入ったタンクを運び込む。彼はもともとソ連のスパイであったが上手くこのセンターに入り込んできたらしい。署長のストリックランドは、血も涙もないような傲慢な男でこの生命体に興味を示すがぞんざいにあしらったため、噛まれて右手の二本の指を失っていた。イライザは清掃のためにタンクが置かれている部屋に入るが、はじめてその生命体に出会った時、何故か興味と親近感を覚えるのだった。その生命体は人と魚が合体した半魚人であったが、イライザの心を捉えて離さなくなる。

　彼女はこの半魚人に自分が作ったゆで卵を食べさせたり、レコードを聞かせたり、手話を教えたりして心を通わせるようになっていく。そして、彼女は不当に捕獲され実験に使われようとする半魚人を愛惜しむようになり、恋心を覚えるようになる。「人魚姫」は、海の底に住む半魚人のうら若き乙女が、王子様に会いたくて声と引き換えに人に変身する悲恋の物語だが、イライザは声と引き換えに同じく言葉をもたない弱者の気持ちがわかるようになったのかもしれない。

　この半魚人はそもそもアマゾンの奥地で神として原住民に崇拝されていたが、実験動物にするために捕獲されたらしい。ホフステトラー博士はこの生命体を宇宙飛行士としてロケットに乗せようと提案する。これに対しストリックランドは、自分の指をかみ切ったこともあり、この生物を敵視し、ソ連がこの生物の秘密を知ってアプローチをかける前に生体解剖をして体の仕組みを調べようと考え、上官の同意を取りつける。これを知ったイライザは、ジャイルズにそのことを告白し、半魚人を救い出す方法はないものかと相談する。ホフステトラー博士は半魚人を殺すよう命じられるが、科学者魂とヒューマニズムをもっていたのか、貴重な生物を殺すことに必死で反対する。

　イライザはジャイルズ、ゼルダ、ホフステトラー博士の協力を得て何とかセンターから半魚人を救出し、しばらく自分の部屋のバスタブを水槽として住まわせることにする。どんどん心が解け合っていく「二人」。イライザは半魚人を不憫に思い、雨で運河が増水した日に「彼」を海に返す計画を立てる。話は進みお別れの日がやって来る。イライザとジャイルズは半魚人を運河の水門に連れてゆき、別れを告げる。その時、やっと居所を突き止めたストリックランドが半魚人とイライザに向けて発砲する。神の力で蘇生した半魚人はストリックランドを殺害し、イライザを抱え海に飛び込む。この半魚人の超能力で（それは愛というべきかもしれないが）蘇生したイライザは、首の傷に鰓が生え彼とともに海の彼方に消えていく。

文化には「人」と「人の心」を結びつける力がある

この素晴らしいサスペンスラブロマンス映画を作ったギレルモ・デル・トロ監督はメキシコ人であるが、メキシコはアメリカからみると弱者である。アマゾンで自由に暮らしていた半漁人も弱者、声の出ない清掃婦のイライザも弱者、ジャイルズもゲイという点では弱者だし、ゼルダも黒人という点で弱者といっていい。

今の世界は、多くの国で民族主義が台頭し、強者が弱者を力づくで抑え込むような社会構造に変貌を遂げようとしている。その最たるものが件のアメリカなのかもしれない。わが国もいつの間にかOECD加盟国のなかで一番貧富の差が大きい国に転落し、強者が弱者を虐げるような国に代わりつつある。この映画はこうした弱者が弱者の力を借りて、国家権力の象徴のような航空宇宙センターの所長と闘い、思いを遂げる物語である。

半魚人もディズニー映画で描かれた「人魚姫」のように可愛くはなく、一見グロテスクにみえるが、観ているうちに愛着を覚え、イライザの気持ちに感情移入してしまうようになっていく。この映画はさまざまな仕掛けがふるっている。彼女が住んでいたのは映画館の上にあるアパートの一室であり、航空宇宙センターの水槽に飼育されていた時、心を落ち着かせようとして彼女が持ち込んだのは蓄音機で、聞かせたのは彼女の好きなレコードの曲だった。半魚人が脱走して迷い込んだのは映画館のスクリーンの前だった。文化には「人」と「人の心」を結びつける力がある。

肥後熊本は今から四〇〇年以上前、小豪族が群雄割拠していたが加藤清正が統治し、干拓や治水事業を推進し民衆の心を掴み肥後が統一された。だが、その後御家取り潰しとなり、小倉の細川忠利が統治をはじめるが、肥後はまた混とんとした状態になるのではないかと心配された。さにあらず。細川家といえば室町時代から管領家に列する有力守護大名で、京都で培われた高い文化をもっていたため、「肥後の引き倒し」といわれアクの強い肥後人も細川家の高い文化をすんなり受け入れ、以後細川家の統治は明治まで二〇〇年以上続くことになる。

「鬼畜米英」を掲げ、アメリカ、イギリスに徹底抗戦した太平洋戦争が終わり、わが国に進駐軍がやってきた時もマイナーなトラブルはあったが、大きな暴動は起こらなかった。何故か？　進駐軍が高い文化をもっていたからである。彼らはコーラを飲み、チューイングガムを噛み、ジャズを聴き、ハリウッドの映画をもってきた。

「欲しがりません、勝つまでは」と食うものも食わず十数年間耐乏生活を送り、家族や隣人が殺された多くの日本人も、あっという間にアメリカの文化、生活に魅了されたのである。

アマゾンのなかで原始的な生活を送っていた半魚人も、はじめて接する文化のなかで好奇心をもちながらイライザのやさしさと愛に魅せられていき、恋に落ちたに違いない。アンデルセンが描いた半魚人アリエルは、愛する王子様に思いを伝えることができず海の中の泡と消えてしまったが、この「二人」

は心で結びつき幸せに暮らしたことだろう。本当によかった。

（二〇一八年七月）

■「シェイプ・オブ・ウォーター」（2017年／アメリカ／124分／監督　ギレルモ・デル・トロ）

「女は二度決断する」――ホモサピエンスが抱えているもの

ホモサピエンスの勝ち残りの要因が「争いの原点」

ヒトの起源がさらに正確にわかってきた。そのあらましは、NHKスペシャル「人類誕生」に詳しい。

七〇〇万年前、人類はチンパンジーの系統と別れ、約二〇種の「原」人類が誕生するが、進化を重ねるにつれ、誕生と滅亡を繰り返し、その種類が減っていく。最終的にはホモサピエンスだけが生き残りわれわれ現代人につながっていくわけだが、そこに行きつくまでの最後の段階で強力なライバル、ネアンデルタール人との生存競争に勝たなければならなかった。

彼らの脳はホモサピエンスより大きく、優れた知能をもっていたが、ホモサピエンスが集団で暮らしていたのに対してネアンデルタール人は個を好む生活をしており、そのことが生存競争に災いした。ネアンデルタール人は、「人格の脳」である前頭葉が小さく、協調性を欠き、仲間とともに共存することが不得意であった。だからホモサピエンスと争った時、その結末は明白であった。

ネアンデルタール人との生存競争に勝ち生き残ったホモサピエンスには宗教が生まれ、儀式を行い、同じものを信じることでさらに連帯感が生まれていく。しかし、そこで必然的に生まれるもの――それは過度な仲間意識と部族間の抗争である。現在世界各地で起こっている民族間、宗教間の争いの原点がここにある。パイが限られている食糧、土地のなかでは必ず何らかの争いが起こる。栽培農業が発達するはるか以前にあっては、自分の部族、家族を養うために、限られた食料を奪い合わなければならず、そこに争いが絶えなかった。まさに自分の仲間が生き抜くために自分の種族以外を欺くことも、憎むことも必要になっていく。

今のヨーロッパや中東、アフリカはそうした状態にある。移民を受け入れることはできなくもないが、生活が苦しくなっている状況のなかで移民に対してアレルギー反応を示す一群の人々がいるのはある意味必然である。「女は二度決断する」（ファティ・アキン監督）は、ドイツに増加している移民を排除しようとして活動しているネオナチの活動家の企てで、トルコからの移民の夫と結婚し一粒種の息子をもち幸せに暮らしていた女性が、爆弾テロにより一瞬にして不幸のどん底に落とされる物語だ。

ドイツ人のカティヤ（ダイアン・クルーガー）はトルコからの移民の夫ヌーリと結婚している。彼はかつて麻薬の取り引きで投獄されていたが、その後更生し、今はトルコ人街に小さな会社を立ち上げ、真面目に暮らしているようだ。暮らし向きは悪くはなく、彼らの家は庭付きの十分なスペースのある郊外の住宅街にある。二人の間には愛くるしい一〇歳にも満たない息子ロッコがいて、ラジコンを家族で作ってみたり、幸せそうに暮らしている。

事件はカティヤがロッコを会社にいる夫に預け、友達と遊びに出かけた後に起こる。夕方ロッコを迎えに行くと、会社の前で爆弾テロが起こり、ビルが跡形もなく壊れている。夫も息子もいない。茫然自失のカティヤをよそに、警察は捜査をはじめる。警察は当初、ヌーリの前歴から麻薬の売買をめぐっての抗争が原因だと考え捜査をはじめる。カティヤはロッコを預けた時、会社の前に、荷台に物を積んだ自転車を放置していく女性を目撃していたことから、その女の仕業だと主張するが最初は受け入れられない。一瞬にして幸せの絶頂から不幸のどん底に突き落とされ、犯人の見通しもつかないなかで、彼女は自殺を試みる。しかし捜査は進展し、麻薬のトラブルの線は消え、結局、カティヤがいっていたネオナチの女とその夫が逮捕され、裁判がはじまることになる。

最愛の夫と息子を奪った殺人犯を法が裁かない時

決定的な証拠がないなかで、検事が蓋然性を示しながら公判は進む。カティヤが被疑者の女性を目撃しているし、爆薬の成分と容疑者夫婦の家の納屋で押収した肥料や軽油など、爆薬の主成分となる物質の種類が一致することも明らかになり、犯人は間違いなくこの二人であろうというところまでたどり着く。検挙された男の父親が、確かに息子は爆弾を作っていたに違いない、という証言まで飛び出すが、最後の最後にどんでん返しが起こる。事件当日、この夫婦がギリシャのホテルにいたとアリバイを主張するギリシャ人のホテルオーナーが現われたのである。この男はホテルの宿帳を証拠として差し出すが、実はギリシャの極右勢力の幹部で、どうもそのつながりから偽証しているらしいことが推測できた。

ついに判決が言い渡される日が来る。裁判長は判決文の朗読をはじめる。「被疑者に無罪を言い渡すが、断定はできない。最終的に犯人とする証拠に乏しく、疑わしきは罰することができない」と申し添える。

予想外の結末にカティヤと弁護士は放心したような表情で立ち尽くす。そのあとカティヤはどうしたのか。ギリシャに行ったのである。ここまで来たら自分自身でこの理不尽な事件を起こした犯人に復讐するしかないと思い詰めた末の行動だった。彼女は、証言したギリシャ人のホテルを探し出し、フロントの女性に詰め寄る。「ドイツ人の夫婦が宿泊したことがあった？」「ここはギリシャ人しか来ないわ。ドイツ人は会ったことがない」。「間違いない」、カティヤはそう思ったに違いない。

遂にカティヤは犯人夫婦が海岸にキャンピングカーを借りて生活している現場を見つけ出す。彼女はインターネットで簡単に探すことができる釘爆弾の製造方法をもとに、夫と子供が殺されたものと同じ爆弾を作り、彼らを爆死させようと行動を起こす。かつてロッコとともに作ったおもちゃのラジコンに爆薬を詰め込み、遠隔操作して爆死させようという計画である。ある朝、犯人夫婦がジョギングに出かけた隙に、爆弾を車の下に仕掛け爆死させようとして帰りを待ったが、しばらくして心に迷いが生じた彼女は、計画を中止し、その日はそれで引き上げることにする。そして次の日、運命の時がやって来る。今度は、爆弾を抱え、犯人のいるキャンピングカーのドアを開け乗り込んでいったのである。

自分だったら、と考える。肉親を返してほしい、犯人には犯した罪を償ってほしいと願うのは当然の気持ちだ。かつて山口県光市で起こった母子殺害事件は、未成年の男が犯人であったが、一人残された男性の妻は凌辱され、一歳に満たない女の子は壁にたたきつけられて絶命したという、極めて凶悪なものであった。善良な市民であったMさんはネフローゼ症候群と闘い、高専から頑張って山口大学工学部に編入し、企業に勤め幸せを得た。母子家庭で育った可愛い妻と、その間に生まれた一粒種を、ある日一瞬にして奪われた。彼は最初犯人ではないかと疑われ二週間も拘束された後、悲しみのなかで敢然と戦った。その模様は『なぜ君は絶望と闘えたのか』（新潮社）に詳しい。

　未成年の最高刑は通常無期懲役であるが、彼の主張は「決して死刑を望んでいるわけではない。しかし、犯人が犯した犯罪は類をみない最悪なものであり、わが国の最高刑に処してほしい。それが死刑であるのなら死刑に処してほしい」と訴え続けた。八年にもわたる公判の末、結局世論の後押しを受けるような形で死刑を勝ち取ることになるが、判決の日、彼の表情に笑顔はなかった。彼の肉声は折につけマスコミをにぎわせてきたが、「このごろ妻の弥生がどんな声でしゃべっていたのか、娘がどんな声で笑っていたのか忘れそうになる」とまさに喪失感の極みのような、胸が締め付けられるような言葉を残した。今彼は元気に生活しているのであろうか。

　アラーの神の名のもとに聖戦を展開することを「ジハード」というが、自分の命を犠牲にしてまで最愛の夫と息子を殺した犯人を道づれにすることにどんな大義があるのか。間違いなく犯人であるものを法のもとに裁いてくれないのなら、自分で裁こうとする思いは幾ばくかの共感をもって受け止められるが、日本人の行動パターンからはかけ離れているようにも思える。

　生きていくということは本当に難しいことで、最近の映画や報道を観ていると、災害にも遭わず、事故や病気も免れ、さらに肉親がテロや通り魔に遭わず、情事も起こさず、家族とともに幸せな老後を迎えることができるとしたら、それは奇跡ではないかと思えてくる。

（二〇一八年八月）

■「女は二度決断する」（2017年／ドイツ／106分／監督　ファティ・アキン）

「万引き家族」――盗みのこころ

「家族や人間のつながりとは何か」を訴えかける傑作

「万引き家族」（是枝裕和監督）が第七一回カンヌ国際映画祭パルム・ドールを受賞した。日本人としては今村昌平監督の「うなぎ」以来二一年ぶりの快挙で、映画ファン、そして是枝ファンとしては嬉しい限りだ。

東京の下町の高層ビルの谷間にぽつんと古く壊れそうな小さな一軒家が建っている。そこには年老いた初枝（樹木希林）、その娘でクリーニング店で働く信代（安藤サクラ）と日雇いの土方仕事をしている夫の柴田治（リリー・フランキー）、一〇歳くらいの「息子」祥太（城桧吏）、風俗店で働く信代の義理の妹亜紀（松岡茉優）の五人が、折れ重なるように暮らしている。あまりに狭く、家族五人が一緒に食卓を囲むスペースもないし、古く汚そうな風呂も桶にやっと大人一人がつかることができる広さだ。夫婦とはいうものの治と信代夫婦は入籍しているのかさえ定かではない。しかしこの家族の間では、ぶっきらぼうな言葉が飛び交うものの、貧乏な暮らしぶりのなかにも笑いが絶えず、家族らしい絆のようなものがあった。

祥太はどうも学校には通っていないようだ。治は「息子」の祥太とスーパーマーケットに行き買い物

をしようとするが何だか挙動がおかしい。彼らは目くばせをし合いながら連携を取り、阿吽の呼吸でお菓子、生活必需品を次々に万引きしているではないか。どうも常態化しているらしくその手際は見事だ。その日も「仕事」をすませた二人は夕暮れ時帰途に就くが、ある団地を通りかかったところ、一階のベランダで、幼稚園児くらいの女の子（佐々木みゆ）がうつろな目で寒さに耐えている姿を目の当たりにする。以前にも外に締め出された様子を目撃していた治はかわいそうに思い家に連れて帰ることにする。「万引き」の延長のような形で安直に家に連れ帰った女の子は、ジュリという名前であった。思い直して彼女のアパートに返そうとするが、両親の激しい喧嘩がドア越しに聞こえてきて、こんな両親のもとへは返せないと考え、再び連れ帰ることにする。親にひどい虐待を受けたからであろう、体中に傷跡があり、ジュリ自身も家に帰りたがらない。夫婦は経済的にはまったく余裕がないなかでも彼女を家族の一員としてともに生活していくことにする。

家族の収入源はスズメの涙のような初枝の年金と、治と信代の日々の稼ぎ、そしてスーパーや量販店での万引きであった。釣具屋で高級釣竿を万引きして、それを売りさばくようなことまでやっているが罪の意識は乏しく、この家族はみんな居心地がよさそうに暮らしている。亜紀も場末の風俗店で、屈折した青年たちに自分の体を商品にして働いているが、とりたてて悲壮感もない。この家族は反社会的な暮らしをしているにもかかわらず（もしかしたら、反社会的だからこそなのかもしれないが）、誰もそうした生活に疑問を投げかけず、それぞれの行動に対して自然体の優しさをもって接している。

時は流れる。治は工事現場で骨折し、しばらく働けなくなるが、治癒しても万引きだけを糧にして、働かず家でぶらぶらするようになる。信代はクリーニング屋の経営が左前となりリストラされてしまうがやはり悲壮感はない。一方、初枝は夫と死別したのだと思っていたら、実は夫の浮気の果てに別れたようで、離婚後前夫が育んだ家庭に、月命日だからといっては焼香に押しかけ、その子供夫婦に小銭をせびる生活を続けている。そんななかでも、子供たちのことを思ってか「家族」そろって海水浴に出かけたりする。その姿は微笑ましい普通の六人家族にみえる。

話は進み、ことは激しく動きはじめる。ある朝起きてみたら初枝が死んでいるではないか。葬式代などあるはずはない。唯一の「現金収入」である年金だって入らなくなる。そこでとっさに考えた選択肢、それは床下に穴を掘って遺体を埋め、彼女の死を隠す方法である。誰一人としてそれを止めようとする家族はいない。遂に彼らは年金詐欺にまで手を染めることになる。

治は勉強したことがなく教養もなく知識もない。一方、祥太は学校には通っていないが、本を読み、さまざまなことに疑問をもつが、治はこれに応えることができない。しかし、祥太は治に何とも知れない優しさと人間臭さを感じ、居心地がよく、血がつながっていなくてもこの二人に「絆」のようなものが生まれる様子が描かれていく。祥太はそんな治を「父」として親近感を覚え信頼していた。後でわかるが、まだ幼児の時、パチンコ屋の駐車場に止められていた車の中で泣いていた祥太を、治夫婦が連れ帰り、爾来一緒に暮らしていたのだった。結局二人の子供はいずれも赤の他人ということになる。

人の進化の過程の名残りかもしれない「窃盗」

次第に祥太の心に変化が生じるようになる。駄菓子屋でいつものようにジュリと万引きをしていたところ、店のおじいさん（柄本明）から「おい、妹には（万引きは）させるなよ」といわれて衝撃を受ける。以前からお見通しなのだ。それまでは治から「店のものはまだ誰のものでもない。だから盗んでもいいんだ」と教えられ、何となく納得していた祥太であったが、この出来事に加えて、治に車上強盗の見張りをさせられたあたりから、いよいよ心がもたなくなっていく。祥太はある日、スーパーでいつものように万引きを企てるが、ジュリが万引きのしぐさをしようとしはじめた瞬間、彼の心はついに閾値を超え、わざと捕まろうとするかのような行動をとる。

さらに話は進む。結局この夫婦は検挙され、信代が罪を一身に受けることになるが、安藤サクラの演技は圧巻である。信代という女はかつて結婚していたが、治と恋仲になったことが夫にばれ、争いとなったなかで夫を殺してしまった過去をもつ「怖い」女だが、母親のもつ母性と女っぽさ、優しさを併せ持つ複雑な女の内面を自然体で演じてみせた。警察の取り調べ中に彼女は泣き出すが、そのしぐさは圧巻である。カンヌの審査員ケイト・ブランシェットが、「私がこれから出演する映画で彼女と同じ泣き方をしたら、真似をしたと思って下さい」とコメントを残すほど心に残る演技であった。是枝監督はこれまで、「家族」というものをテーマに、いろいろな家族の形を描いてきた。家族をつなぐものは血縁なのか、家なのか、お金なのか、共有した時間の長さなのか。もしかしたら血縁などといったものは面倒なもので、人間のつながりとは心の温もりのなかから生まれてくるものだと訴えかけているようにもみえる。

ところで、この家族がやっている万引きはあくまで生活のための行為ではあるが、さしたる経済的な理由がなく、自己の衝動により窃盗を繰り返してしまうのは一種の病気である。病的窃盗、あるいは窃盗症と呼ばれる一群の行為は窃盗自体には目的がなく、盗品は価値のあまりない日用雑貨である場合も少なくない。緊張感のなかで窃盗を行うと爽快感が得られるという。だから盗品は廃棄・未使用のまま隠しておいたり、人知れず現場へ返却される場合もある。要するに窃盗のために窃盗をする病態である。これに似た病態として、放火のために放火を繰り返す放火症がある。原因としては精神障害や性的葛藤との関連、女性の生理と窃盗の関係が指摘されているが因果関係をはっきり証明した研究はない。

脳は原始的な脳（古皮質）と進化の過程で獲得した脳（新皮質）に分けることができるが、激しい生存競争の過程で生き残ったホモサピエンスは、限られた食物を隠したり、盗んだりしながら生きていかなければならなかった。窃盗とはヒトの進化の過程の名残りなのかもしれない。こうした病態を脳の活動性と直接的に結び付けた研究はないが、そもそもヒトが進化の最初の段階で獲得した習性であるのなら、古皮質の神経伝達路のなかにその秘密が隠されているのかもしれない。

前述のごとく血のつながりは時として心のつながりの障壁になることさえある。優しい赤の他人は付き合いやすく心地よいこともある。近未来、確実に家族のなかに血のつながりのないＡＩが加わることだろう。その時「家族」という形態はＡＩにどう向き合い共存しているのか？
考えただけでなんだか恐ろしい気がする。

（二〇一八年九月）

■「万引き家族」（2018年／日本／120分／監督　是枝裕和）

「8年越しの花嫁　奇跡の実話」――抗NMDA受容体脳炎

あの松五郎のような現代の青年の恋を描いた感動作

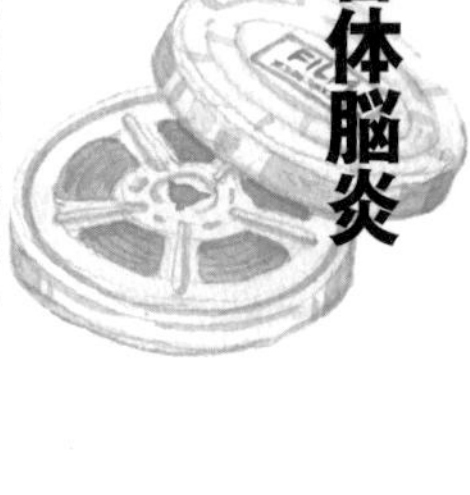

今の若者は、素直に恋心をはじけさせることのできる才能が備わっている。それは戦後の男女共学を通して日本人が学んだ最大の教育の財産なのかもしれないが、ハリウッド映画もこれに一役買っている。朝起きてキスをし、夜寝る前に愛しているといってハグをしキスをする。ハリウッド映画はそんなアメリカ人の日常を余すところなくスクリーンに映し出してきた。観ている日本人はそれが世界の日常であるかのように感じたはずだ。しかし性にオープンな欧米では、その弊害として、「Me Too」運動につながるセクハラ事件が起こり続けていることもまた現実である。幸い日本ではこうした告発は少ないが、欧米ではこの運動に端を発し、ディレクター、監督などの映画関係者の生々しいセクハラが次々に暴露され続けている。一方、ハリウッドスターの離婚歴もすごい。二、三回の離婚・結婚はざらだ。スティーブ・マックイーンは何度目かの妻、アリ・マッグローに「君のことは愛しているけどもう恋していない」と「名言」を吐いて別れたが、枯れた域に達しようとしている自分としては、やはり「君のことを愛しているし、ずっと恋している」と妻にいって人生を終えたいものだ。

「無法松の一生」の松五郎は、九州男児を地でいくような小倉の車引きであった。いじめに遭っていた「ぼんぼん」を助けたことで自宅に招待されるが、それ以来、ずっと美しく気品がある吉岡夫人のことを慕い続ける。若くして未亡人となった彼女と一人息子である「ぼんぼん」のための半生を送るが、自分が彼女に寄せる思いを言葉にすることができないまま、三通の通帳を残して逝った。吉岡夫人名義のもの、「ぼんぼん」こと吉岡敏雄名義のもの、そして自分名義のもの。吉岡夫人から盆暮れにもらったご祝儀は手をつけないで封筒のまま押入れに大事にしまっていた。松五郎にとって、自分の吉岡夫人への思いが、一体恋であるのか何であるのか、理解も説明もできないまま人生の幕を閉じた。明治の世相がなせる業である。監督稲垣浩はこの明治男の恋物語に魅せられて二度映画にした。一度目は阪東妻三郎、二度目は三船敏郎が松五郎を演じた。今なお永遠の輝きを放つ松五郎のラブストーリーは二度目の映画で見事に世界の人々の心を掴み、ヴェネツィア映画祭金獅子賞を手にした。今からちょうど六〇年前のことである。

　ドライな人間が増えたといわれる今の日本にもこの松五郎につながるような男がいる。映画「8年越しの花嫁　奇跡の実話」（瀬々敬久監督）に登場する西澤尚志である。この映画は実話をもとに忠実にストーリーが展開されていて心に迫る。

　西澤尚志（佐藤健）は岡山の自動車修理工場「太陽モータース」で働く生真面目な男だ。もう二七歳になるというのに恋人もおらず、もっぱら関心は自動車に関することばかりである。しかしその仕事ぶりは同僚や社長から一目置かれていた。運命の日二〇〇六年三月一七日、彼は腹痛を押して気が乗らないまま合コンに行くことになる。何とか義理を果たしたと思った帰り際、宴会中、彼を不愉快そうにみつめていた中原麻衣（土屋太鳳）に呼び止められる。「あんた何よ、あの態度。合コンが台なしじゃない」。尚志はしどろもどろに腹痛のことを打ち明けて誤解を解くと、麻衣は納得して去っていった。後日、彼女から丁寧なお詫びのメールが届く。そしてとんとん拍子に二人の距離は縮まっていき、当然のように恋に落ちていく。

　年明け早々、尚志は意を決して告白する。「結婚しよう」。尚志の唐突な言葉にも、出会いの日から愛をはぐくんできた麻衣は込み上げるものを抑えきれず頷く。その時岡山では有名な結婚式場の前を通りかかる。「私、ここで結婚式をあげるのが夢だったの」。即座にウェディングプランナーに会い、二人が出会った三月一七日に挙式をすることにする。

　その後結婚式まで順調に時が流れるはずだったが、麻衣の様子がある日を境におかしくなっていく。彼女は幻覚、幻視を訴え暴れるようになったのだ。尚志は慌てて病院に運ぶが、間もなく意識がなくなり人工呼吸器につながれた彼女は、全身がむくみ、まるで別人のような風貌になってしまう。それでも尚志は毎朝病室に足を運び、彼女が治った時のためにと携帯電話の動画に丹念に闘病の様子を残すようにする。

脳の感染症や腫瘍などに伴って起こる二次性脳炎症

「抗ＮＭＤＡ受容体脳炎」。それが彼女の病名だ。卵巣に奇形腫ができ、その細胞が産生する蛋白質に対し抗体が作られ、それが脳のＮＭＤＡ受容体を攻撃し脳が機能しなくなる病気である。三〇〇万人に一人の奇病、難病で、麻衣の意識は約束の三月一七日がすぎても依然戻らない。尚志は今年はダメでもきっと来年には回復すると信じて式場のキャンセルをしなかった。延々と重苦しい時間が流れていく。二〇〇八年になっても変わらない麻衣の状態に、彼女の両親は絶望のなかで、尚志に対して重い口を開く。「もう君はいいと思うんだ」、「どういうことですか？」、「もう麻衣のことは忘れてもらっていいんだよ。きみは家族じゃないんだから」。「家族ではない」——尚志はその言葉に傷つきながらも結局麻衣のもとを離れられない。

　奇跡は起こりはじめる。二〇〇九年になり麻衣は少しずつ回復しはじめ、二〇一二年三月には普通に話せるまでに快復し、記憶も少しずつ戻りはじめる。しかし尚志にとって絶望的な事実を突きつけられることになる。「麻衣、俺のこと、覚えてないの？」そういわれても目の焦点が合わない麻衣。ある程度回復しても知らない男がずっと傍にいるだけなのだと知った尚志は、この出来事から彼女を思い出の場所に連れ出し懸命に記憶を呼び起こそうとする。しかしそれも結局徒労に終わり、当惑する彼女の姿を観た彼は、これ以上苦しめたくないと考え、思い出の詰まった岡山を後にして小豆島の小さな修理工場で働きはじめる。

　病気になり六年経ち麻衣はやっと退院する。彼女はある日偶然、件の結婚式場のウェディングプランナーに出会うが、尚志が今なお三月一七日の予約を解約していないことを聞いて驚く。三月一七日？？麻衣はふと手元にある古い携帯電話のパスワードに「０３１７」と入力してみる。今まで決して開かなかった携帯が開き、闘病のなかで尚志が懸命に送り続けた何百通ものメールが次々に届きはじめるではないか。そして彼女の闘病の姿を映し出す動画の数々が収められている。麻衣の記憶が急速に蘇りはじめた瞬間である。そして二〇一五年三月一七日。実に八年越しの恋を実らせ二人は件の結婚式場で見事ゴールインし、同じ年、第一子が誕生する。何という奇跡。

　脳の感染症や腫瘍などに伴い産生された抗体によって脳炎症状が起こる二次性脳炎症のなかで、脳の神経伝達物質の受容体に抗体が結合し、障害を起こすものがいくつも報告されているが、これらは比較的予後がよいとされる。抗ＮＭＤＡ受容体抗体脳炎は、麻衣のように若い女性の卵巣の奇形腫が原因となり、情動を司る脳の辺縁系が障害されることが多いため、彼女のように精神症状で発症することが多い。脳細胞の決定的な傷害までには至らず、脳細胞表面に抗体が結合することにより機能抑制が起こり脳炎症状を起こすと考えられている。このタイプの脳炎は抗体が徐々に除去され、何年か経過して脳の機能が回復することがあるが、麻衣のケースはそのなかでも極めて珍しい。こうした脳の受容体を攻撃する脳炎としては、このほかに抗voltage-gatedpotassium channel（ＶＧＫＣ）抗体脳炎がよく知られているが、このタイプは男性に多い。今後さらにさまざまな抗体による脳炎が明らかにされていくものと思われる。

　大切な人に降りかかった土砂降りの雨のような災難のなかで、自然と傘をさしかける尚志のように私も男としてかく生きていきたい、そしてかく逝きたいと願う。私も最愛の人に災いが降りかかれば全力で守っていきたい。若い頃は傲慢にも一時間でも家内より早く逝きたい、家内が命を閉じる状況だけは受容できないと考え続けていた。しかしそれはエゴイスティックな一方向の愛だ。きっと私を深く想っている妻は私がいなくなったら寂しがるだろう。だったら…彼女より一時間でも長く生きていたいとふと考えるようになっている自分に驚く。その時が来てみないとわからないことだが。

（二〇一八年十月）

■「8年越しの花嫁　奇跡の実話」（2017年／日本／119分／監督　瀬々敬久）

「さざなみ」――健康長寿と進化

最後に残る病気は老人性全身性アミロイドーシス

「アミロイド」という名前は、今から一七〇年ほど前、ドイツ人のウィルヒョウによって、組織のなかに存在するヨードで着色する無構造質に対して名づけられた。日本語ではこれを「類でん粉質」と呼ぶが（Amyl：でんぷん、loid：ようなもの）、れっきとした蛋白質の塊である。このアミロイドを形成する蛋白質は、アルツハイマー病のβ蛋白質、プリオン病のプリオン蛋白質、関節リウマチなどの炎症に伴って起こるAAアミロイドーシスのSAA蛋白質、家族性アミロイドポリニューロパチーを引き起こすトランスサイレチンなど三六種類もの蛋白質が知られており、それらが作るアミロイドによって起こる病態を「アミロイドーシス」と呼ぶ。蛋白質がアミロイドとなる現象は、いってみれば蛋白質の老化と言い換えることもできる。加齢とともにくたびれた蛋白質がまるでゴミくずのようにアミロイドとなって臓器に溜まり病気を引き起こす。これがアミロイドーシスだ。この病気は増加の一途を辿っているが、それは、発症に老化が強く関係しているこの病気の背景に、超高齢社会の到来とともに老人が増えていることが深く関係している。

映画「さざなみ」（アンドリュー・ヘイ監督）は初老の夫婦の夫が、若い頃アルプスの旅行中にクレバ

スで足を滑らせ万年雪のなかに消えたその恋人が、地球温暖化のためか数十年ぶりにみつかったことに端を発し起こった「さざなみ」による夫婦の愛情の危うさを見事に描いている。同じくアルプスの万年雪のなかから見つけ出された五三〇〇年前に生活していた「アイスマン」は、やせ細り、体のいたるところに怪我を負い、お腹に感染症による膿瘍をもっていたことが知られている。まさに人類の歴史は飢餓と怪我、感染症との戦いであったことが推測されるが、これに対しヒトは、進化の過程で何種類もの血糖上昇ホルモンを獲得し飢餓を凌ぎ、自然免疫、獲得免疫のシステムを手に入れ感染症を防御し、猛獣や部族間の抗争で流血が絶えないなかで、即座に血栓を作る複雑な凝固系カスケードを備えることで効率的に失血を抑えてきた。一方で、アミロイドーシスという疾患は、ほとんどが中年期以後に発症する病気で、二〇世紀前半まで五〇年も生きなかった人類にはまったく問題にならなかった想定外の病気だといえる。

今から約一一〇年前、五二歳の女性がドイツ人アロイス・アルツハイマーのクリニックを訪れた。彼女は、「夫が浮気している」と嫉妬妄想をもって来院したが、その後死亡し、脳の解剖が行われた。脳のいたるところにパス染色で陽性に染まる塊があった。これがアミロイドの塊、老人斑であり、世界初のアルツハイマー病の剖検報告である。当時のドイツ人の平均寿命は四五歳と推定されており、五〇歳代後半で死亡したこの女性は当時は高齢ということになる。二〇世紀前半まで人類がほとんど経験してこなかった病気の一つがアルツハイマー病ということができる。

もう一つ、これから人類を悩ませることになりそうな病気が老人性全身性アミロイドーシスである。

この病気は七〇歳をすぎた頃から心臓、肺、腱、靭帯などに正常のトランスサイレチンがアミロイドとなって沈着し臓器障害を引き起こす。特に心臓にアミロイドが溜まりはじめると心肥大、不整脈などを起こし心不全となる。われわれの研究から、日本人の八〇歳以上の老人の一五％前後にこのタイプのアミロイドが溜まっていることがわかっている。一〇七歳、一〇八歳でそれぞれ死亡したきんさん・ぎんさんはこの病気で死亡したことが彼女たちの臨床症状や剖検結果から明らかになっている。『きんさんぎんさんが丈夫で長生きできたワケ』（あけび書房）には心臓に大量のアミロイドが溜まり、それにより著しく肥大したぎんさんの心臓の写真が掲載されている。スーパーセンチネリアンとは一一〇歳以上の老人を指すが、『Nature』などに掲載されたいくつかの論文には、彼らの多くはがんも心筋梗塞も脳卒中もないが、心臓に正常のトランスサイレチンによるアミロイドが大量に溜まり、それが死因だと記載されている。「人類はいずれ多くの病気を克服するであろうが、最後に残る病気はこの老人性全身性アミロイドーシスであろう」と締め括られている。何故超高齢になってこういう病気が起こるのか。その理由の一つはヒトの身体がアミロイドが溜まる現象に対抗する防御システムを未だに手に入れていないからだ。ヒトは前述のように病気を引き起こす喫緊の課題に対してその都度進化し巧みに防御系を獲得してきたが、高齢で起こる病気の防御システムは未だ未解決である。

わが国の平均寿命は昭和二〇年になっても未だ六〇歳にははるか届いていない。しかし、戦後またたく間に平均寿命は延び、もうすぐ九〇歳に届くところまで来ている。急速に長寿になってきた状況のなかで、高齢で起こる難病に対し進化が追いついていないことが一因である。ヒトが一つの新たな遺伝子、蛋白質を獲得するのに数千年はかかるとされているが、何万年かたってやっと人類はアミロイドを処理するシステムを手に入れることであろう。しかしその時まで待てるはずがない。「人生一〇〇年をいかに生き抜くか」、などといった特集がマスコミで盛んに取り上げられるようになったが、これらの病気とどう向き合い戦うかは人類の最大の問題である。

私が巻き込まれた「国際振り込め詐欺」のような事件

閑話休題。私は今、このアミロイドーシスという難病を研究する研究者、臨床医が集う世界アミロイドーシス学会の理事長をしている。つい最近、とんでもない事件に巻き込まれた。「国際振り込め詐欺」というような事件だ。ある日「Ａｎｄｏ Ｙ」と名乗る人物から、この学会で財務担当理事をしているアメリカの有名大学の教授に「メキシコで新たに学会をするので、一万ドルを振り込んでほしい……。国際アミロイドーシス学会理事長　Ａｎｄｏ Ｙ」というメールが届いたことに始まる。こともあろうに、この教授は、翌日私に何の確認もとらないままあっけなく要求額を振り込んでしまった。これだけでも信じられない話だが、この手紙の主は、味をしめ一万五〇〇〇ドル、二万五〇〇〇ドルとメールで次々に振り込みを要求し続け、この教授はその都度、学会の金庫からご丁寧に要求額を振り込んでしまった。まったく開いた口が塞がらない。あわててＦＢＩに捜査を依頼したが、あとの祭りである。

アメリカの振り込め詐欺の実態はよく知らないが、こんな事件が日常茶飯事のように起こっているアメリカにあって、初歩的な嘘を見抜けない、学識はあるアメリカ人がいることに驚くし腹が立つ。送り主のメールアドレスが日本のものを表わすJPでなかったことがせめてもの救い？ではあるが、明らかによく確認すれば得体のしれないメールであるくらいはわかるはずである。下手をすると私が自作自演したと疑われても仕方ない危ない話でもあった。

人は、年を経るごとに瑞々しい感受性と判断力が鈍って行く。件の初老の教授は正に魔がさしたというほかはないが（三回も続けて魔がさすことがあるのかという気もするが、この教授の脳に老人班が溜まっていないことを願うばかりである）、今後、老人を標的にしたこの手の事件が世界レベルで横行して行くことはまず間違いない。樹々が古くなった葉を落とし、冬に滋養をたくわえ、春に花が咲き若葉萌えいずる季節が来るように、ヒトもある年齢が来ると落ち葉にならなければならない。もしかしたら、落ち葉の役割としてプログラムされた病がアルツハイマー病であり老人性アミロイドーシスであるのかもしれない。

戦争を体験した後期高齢者は、戦争中の悲惨な体験を耐え忍んだあと強く生き抜く力を獲得し一〇〇歳までは生きるつもりで意欲満々である。しかし、今のスピードで後期高齢者が増え続けるとまたたく間に認知症患者が増える計算になる。認知症患者が世界で一億人を突破するのは時間の問題で、人類が近い将来抱える最大の問題であることは間違いない。アルツハイマー病に関しては、一刻も早く根治治療を見つけ出さなければ社会が立ち行かなくなることは確かであるが、こうした疾患の治療に果敢に挑戦することが遠い将来、ヒトの社会に果たして本当に福音をもたらすかについては疑問を感じることがある。

（二〇一八年十一月）

■「さざなみ」（2015年／イギリス／95分／監督　アンドリュー・ヘイ）

「泣き虫しょったんの奇跡」――リベンジできる世界

多浪生を制限するシステムに理不尽さを感じた「事件」

某私立医学部の入試では、文部科学省の官僚の「おねだり」によって学力の足りないドラ息子が不正合格をしていたことが明るみに出たが、それに端を発して予想もしなかった不正が浮き彫りにされた。女子の入学を制限するため、男子の受験者に有利な採点システムを導入していたこと、そして二浪以上を制限するため、彼らに不利な採点が行われていたことである。文部科学省は即座に全国の医学部長に対して同様の不正が行われていないか調査を依頼したが、国立大学法人の医学部長としては考えもつかないことで驚きを禁じ得ない。マスコミは彼の大学が特に女子受験生に門戸を狭めていたことをいっせいに非難したが、個人的には多浪生や再入学を目指して頑張っている受験生を嫌う余り、露骨に彼らの入学を制限するシステムをとっていたことの理不尽さのほうを憂う。

日本には、一度選択を誤った者にリベンジするチャンスを与えることをよしとする社会の仕組みが整っていない。一度就職活動に失敗すると正規職に就けない可能性が高い仕組みになっており、そのことが就職戦線をさらに過熱させている。「人生五〇年」の昔ならまだしも、白寿が叫ばれる現代社会にあって、リベンジができないとなれば、出だしで失敗した青年が、閉塞感のなかで自由度を著しく奪われたまま、長く苦しい人生を送り続けなければならなくなってしまう。

　私は一九九〇年代にスウェーデンの医学部に留学し、学生の教育も担当していたが、三〇歳代の医学生はざらで、二、三年休学して興味のある医学研究に没頭する医学生もいた。「アイスランドでアルバイトしながら生活してみたいので二年休学します」といった「変わった」学生もいたりした。要するに社会に多様性があり、自由度があった。

　医師の仕事も、救急医療や外科でばりばり医療をする体力勝負の部門もあれば、ターミナルのがん患者に寄り添うように診療する「心を診る」医師や、すぐには病態が変化しない慢性疾患を診る医師、心の病に十分時間をかけて対峙する医師、さらには医療行政を担う医官だって必要である。若いに越したことはない部門と人生経験がものをいう部門まで多種多様である。

　最近は医療の国際化でアメリカ型の医学教育が推奨され、一年生から実習型の医学教育をしなければならなくなり、教えなければならないことも指数関数的に増え学生の自由度がなくなっている。夏休みはたっぷり二カ月あり、春休みもそれ相応の期間があったわれわれの時代と大きく違っている。当時のわれわれには本を読み映画を観て恋もし、旅行もして心を養う時間があった。しかし今は、「先生、そんなことをしていると、留年するし、国家試験に通りません」という学生まで現われた。

　もちろん、多浪の医学生ばかりになるのは問題ではあるが、現役で失敗を知らない医学生よりも、苦節数年、やっと医学部にやってきた学生のほうが、時として人の心の痛みがわかる医師になる場合もある。小中学校ではないのだから、スウェーデンのように、多様性をもった学生の構成があってもいいと思う。成熟した社会では、一度失敗したものがリベンジができる仕組みは極めて重要である。少なくとも現役ばかりの学生の医学部を作りたいのなら、募集要項にはっきりそう記載するべきである。

映画「泣き虫しょったんの奇跡」（豊田利晃監督）は、棋士の瀬川晶司の自伝的ノンフィクション小説を映画化したものである。豊田監督は実際に、新進棋士奨励会に所属し、棋士を目指していた時期があるだけに場面場面の描写がリアルで心に迫る。

リベンジできる社会でなければ敗者は「一生冬の時代」

小学生時代、地味でおとなしく何の取り柄もなかったしょったん（松田龍平）が、初めて同級生から注目されたのが将棋だった。担任の鹿島澤先生（松たか子）はとても褒め上手な先生で、「しょったん、将棋がうまいのね」といって驚いてみせる。おろらくしょったんが先生に褒められた初めての経験だったに違いない。父も最大の理解者の一人で、決して勉強しろとはいわず「人生では好きなことをやることが一番大事だ」と将棋の腕を磨くことを勧める。やはり将棋好きな同級生の悠野（野田洋次郎）と連れ立って町の将棋クラブでどんどん実力をつけ、中学生の大会では準優勝する腕前にまでなっていく。彼は中学校卒業とともにプロ棋士の登竜門である奨励会に入会する。

しかし、そこからしょったんの苦しみがはじまることになる。やがて三段になり数十人いるプロ予備軍のなかで、年に二回ある昇段試験を勝ち抜き、トップ二名に入らなければ四段に昇進してプロにはなれない。しかもそれには年齢制限もあり二六歳までに四段に昇進しなければならない。次第に好きな将棋が苦痛に変わっていく。彼が現実から目を背け棋士仲間たちと遊び回っているうちに、将棋を捨てたと思っていた悠野がアマ名人になったことを知る。しょったんはこの「鉄の掟」のなかでプレッシャーを感じるようになり、肝心なところで勝てなくなり、ついに二六歳で退会を余儀なくされてしまう。彼は絶望と喪失感に襲われ、自閉的になっていく。しばらくは自暴自棄な生活を送っていたが、諦めがついたのか大学に通うようになり、やっと就職を果たす。そんな時、彼の夢を応援してくれていた父が交通事故で突然他界する。傷心のしょったんは訪ねてきた悠野の家で久しぶりに将棋を指すことにするが、改めてその面白さに気づく。勝たなければならないという心の重荷が取れたなかで将棋の面白さを再確認した彼は、アマチュアの将棋大会で頭角を現わすようになり、ついにアマ名人になる。そして話は思いもかけない方向に動き出す。

　将棋界には、アマとプロが対戦するシステムがあるが、心のしがらみが取れ、失うもののなくなったしょったんは、のびのびと将棋を指すようになり、面白いようにプロ棋士相手に勝利を修めるようになっていく。実にプロ棋士との対局の勝率ははるか七割を超えるようになっていった。「いかに奨励会で昇段できなかったとはいえ、プロに対する勝率がこれほど高い人間がプロに昇段できないのはおかしい」という世論が高まり、新聞記者やアマ棋士の有力者の後押しもあり、日本将棋連盟に昇段試験願いを出すことになる。最初はまったく相手にもされなかったが、マスコミの後押しもあり、日本将棋連盟はついに全プロ棋士による賛否投票に踏み切る。賛成一二九、反対五二、白票八。編入試験実施が認められ、六人の棋士（女流棋士一名を含む）を相手に六局のうち三局に勝利すれば合格というルールが作られた。しょったんは今度はそのハードルを見事にクリアする。第五局で三勝（二敗）し、二〇〇五年晴れてプロ棋士となったのである。

一〇歳で将棋をはじめやっと三五歳でプロ棋士になる。実に四半世紀かけた見事なリベンジであった。鹿島澤先生は授業のなかで、「悲しんでいる人に寄り添ってあげることも大事だけれど、お友達が成功した時、自分のことのように喜べる人間になるのよ」と生徒たちに教えた。考えてみるとしょったんの人生は、三五歳になるまで、次々に昇段していく仲間を心の中では泣きながら顔では祝福する、鹿島澤先生の教えを忠実に実践した人生だったのかもしれないが、今度こそ心の底から人の幸せも喜べる状況がやってきたのだ。将棋界は素晴らしい。昨今のスポーツ界のパワハラ騒動で露呈した閉鎖性には目を覆うばかりのものがあるが、世論の高まりや、将棋界を応援している新聞社の後押しに抗しがたいものがあったにせよ、公正に全会員による投票を行い結論を導き出した民主制は大いに評価されてしかるべきである。子供の頃はゲーム機もスマホもなく、自然に将棋や碁ならべをして遊んだものであるが、これだけ趣味が多様化するなかで将棋人口は減少している。危機感をもった将棋界が時代に即応した変革の道を選んだのは当たり前かもしれない。

その職業が好きであることと向いていることは人によっては大きく乖離する場合がある。ましてや二〇歳前後で、天職とすべき職業などわかるはずがない。リベンジできる社会を用意しないと、ますます寿命が長くなるなかで、敗者は一生冬の時代を耐え続けなければならない。

（二〇一八年十二月）

■「泣き虫しょったんの奇跡」(2018年/日本/127分/監督　豊田利晃)

「寝ても覚めても」「パーソナル・ソング」――認知症の音楽療法

「人を一途に思うこと」を純粋に問い続ける純愛映画

これまで数多の映画が男女の恋物語を描いてきた。その多くはヒーロー・ヒロインが、戦争、病気、貧困、格差、不倫などさまざまな障壁を乗り越え、愛を貫く姿を描き感動を与えた。こうした映画では愛がはぐくまれる時代、社会背景も重要なサブテーマとなっていたが、映画「寝ても覚めても」（濱口竜介監督）は、愛とは何か、人を一途に思うということはどういうことなのかを純粋に問い続けていて新鮮だ。男女の愛のあり方だけに焦点を当てた珍しいタイプの純愛映画ということができる。このドラマに出てくる朝子（唐田えりか）はアルバイトで生計を立てているいわば「自由人」だし、彼女が一心に想う麦（東出昌大）も、ものにこだわらず、しがらみのない世界に生きる人間である。そうした状況で、「人は何故他の誰でもない、『その人』を一心に愛するのか」を問い続けているこの映画の視点はユニークである。

喫茶店で働く朝子は、大阪の美術館で開かれている牛腸茂雄の写真展に行く。彼女の後ろを、背が高くモズの巣のような髪をした麦が鼻歌を歌いながら飄々とした面持ちで通りすぎていく。美術館を出て、麦が右手、朝子が左手へ曲がろうとした瞬間、中学生たちが遊んでいた爆竹が炸裂するが、その音に促されるように二人は顔を合わせ、何のためらいもなく口づけを交わす。朝子の恋のときめきがはじまった瞬間である。

次に二人は偶然にも居酒屋で再会し、この時から運命の歯車がかみ合い回り出す。二人は恋に落ち同じ時間をすごすようになるが、風来坊のような麦は「俺はちゃんと朝ちゃんのところに帰ってくるから」と言い残して、突然姿を消しては何日かして帰ってくる生活を繰り返す。朝子は不安を感じつつも、やがて目の前に麦が戻ってくることに幸せを感じていた。しかし、ある時麦は姿を消したきりずっと帰って来なくなる。

やがて朝子は東京で暮らすようになっていたが、麦が姿を消して三年ほどの月日がすぎたある日、彼女は突然「麦」をみつけ、動揺が走る。しかし、その男は麦本人ではなく、麦の顔によく似た亮平（東出昌大一人二役）という男であった。朝子は戸惑いつつも麦の面影を追い、次第に彼に惹かれるようになっていく。麦にそっくりだから好きになったのか、好きだから似たようにみえるのか、そう問いかけながらも亮平に惹かれていく。結局、最後は彼と一緒にいる時、麦を思っていた自分がその時の感情と同じになっていたのだと気づく朝子の心の動きがうまく描写されながら映画は進んでいく。

恋に落ちると、別れが訪れてもその人のことが忘れられない。寝ても覚めても思っているうちに脳の記憶中枢にその人の面影が染みのように刻み込まれる。人はそれを想い出とか未練という言葉で表現する。初恋の人は忘れられないというのはそういうことなのかもしれない。ヒトは進化の過程で大脳が発達し、複雑な思考・判断・感情などを手に入れた一方で、動物と比べ視覚、聴覚、嗅覚、味覚、触覚などの優れた機能が劣ってしまった。しかし、さまざまな出来事のなかで、そうした五感を利用しながら感じた想いをしっかりと記憶としてしまい込むことができる能力を獲得した。だから進化の過程で好きでたまらなかった人の姿、声、匂い…がいつまでたっても忘れられなくなるのだ。

映画「パーソナル・ソング」（マイケル・ロサト＝ペネット監督）では、ヒトの脳にしまい込まれた好きだった音楽の記憶を呼び起こすことにより脳の機能を活性化しようとするユニークな試みが紹介されている。

音楽が脳の機能を活性化する音楽療法のメカニズム

現在のアメリカも認知症が大変な社会問題となっている。ソーシャルワーカーのダン・コーエンは、ある時「患者が自分の好きな歌を聞けば、音楽の記憶中枢を刺激して何かを思い出すのではないか」と考える。彼は早速、認知症のケアハウスでｉＰａｄを使い実験をしてみるが面白いようにその効果が表われる。

彼は長年アルツハイマー病を患い、娘の名前も思い出せず、会話もなくすごしていたヘンリー（九四歳）に、好きだったキャブ・キャロウェイの音楽を聴かせてみる。するとどうだろう。突然スイッチが入ったように音楽に合わせて陽気に歌い出すではないか。そして音楽を止めた後もそれまでのことが嘘のようにしゃべりだし、音楽の素晴らしさや家族のことを次々に語り出す。メリー・ルーは初老の女性だが、同じくアルツハイマーの患者である。日常生活に支障を来すようになっており、夫の介護がなければ何もできない状態になっている。フォークとスプーンの違いがわからない、エレベータの上と下のボタンも区別できない。自分のふがいなさと夫に対する申し訳なさで涙が止まらない。コーエンはそんな彼女が孫をかわいがる様子をみて、愛情に関する脳の部分は昔と変わらず傷ついていないと考え、ビーチ・ボーイズの「アイ・ゲット・アラウンド」を聞かせたところ、彼女の表情は一転して笑顔になり、嬉しさのあまり椅子から立ち上がり、部屋中を軽快に歩きはじめる。これをきっかけにビートルズの「ヘイ・ジュード」「抱きしめたい」など、彼女が昔好きだったさまざまなスタンダードナンバーのイントロを聴いただけで瞬時に反応するほどに「回復」する。彼女はうれし涙を流し、音楽によって人生の喜びを再び取り戻したかのようにみえる。

この映画ではこのようにその患者がもっとも好きだった音楽（パーソナル・ソング）を聴いてもらい、失われた記憶を呼び戻す認知症の患者の様子が次々に紹介され、「音楽療法」の素晴らしさが紹介されている。このドキュメンタリーはみているものに感動を与え、サンダンス国際映画祭ドキュメンタリー部門で観客賞を受賞している。

音楽療法は、第二次世界大戦のさなか、アメリカの野戦病院で、戦争で大怪我をした多くの傷病兵に音楽を聴かせることで兵士の治癒が早まったという実際の経験をもとにはじまった治療法であるという。ミュージカルやジャズ好きのアメリカ人らしいエピソードだ。現在日本でも、この「治療法」は少しずつ定着しつつあり、日本音楽療法学会認定の音楽療法士が徐々に増えてきている。

子供たちの小さい頃の写真をみると、子育てに格闘し苦しくもあったが楽しかった思い出が彼らの瑞々しい声とともに蘇ってくる。匂いも例外ではなく、突然懐かしい匂いが漂ってくると、それを食べたレストランとともにその旅の思い出が呼び戻される。学生時代に流行った音楽もすっかり忘れてしまっていたように思っていても脳はちゃんと覚えていて、その歌を聴くと流行っていた時に付き合っていた彼女との甘くてほろ苦い日々が蘇ってくる。

音楽はさまざまな刺激のなかでも、特に記憶との結びつきが強い。それは何故なのか。聞いた音楽は聴覚中枢を経て情動を司る大脳辺縁系に伝達され、記憶装置である海馬にその刺激が収納される。すなわち、音楽を聞くと聴覚にかかわる分野だけでなく、同時に記憶にかかわる分野も刺激を受ける。また音楽は言語を理解する左脳と違って右脳を刺激するが、右脳は画像などのイメージを処理する脳でもあるため、聞いた音楽に関係する過去のイメージが脳内から呼び起こされるので、認知症患者には好都合な治療法なのかもしれない。

音楽療法はこのように認知症の素晴らしい治療法なのかもしれないが、片やてんかんのように脳が一時的に興奮することが脳にどのような影響を与えるのかは検証されなければならない。てんかんでは脳細胞の局所的な発火現象で、脳循環障害が起こり、結果として脳機能が低下することが知られている。認知症のようにそもそも脳細胞が脱落しつつある状態で、この治療法を長期間行うことが本当の治療になるのかは、今後の多角的な検証を待たなければならない。

音楽療法が前述のごとく脳を活性化する力があるのなら、いっそのこと初恋の人に合わせるほうがもっと認知症患者の脳は活性化されるのではないかと思われる。しかし「人生の終わりにやけぼっくいに火が付きでもしてはとんでもない」と、この治療を受け入れてくれる度量の大きな配偶者はそうはいないはずだ。私が認知症になった時、きっと私の配偶者には受け入れられないだろう。（二〇一九年一月）

■「寝ても覚めても」（2018年／日本・フランス合作／119分／監督　濱口竜介）

■「パーソナル・ソング」（2014年／アメリカ／78分／監督　マイケル・ロサト＝ペネット）

「コーヒーが冷めないうちに」——思い出という名の未練

「人生とは重き荷を背負い坂道を上るがごとし」

ＮＨＫが一九六七年に放送した「タイムトンネル」（アメリカＡＢＣテレビ制作）は、当時科学好きの中学生だった私の心を捉えて離さなかった。毎回過去の世界に入り込んだ主人公が、歴史上の人物や出来事とかかわり合い、事件に出くわし、危機一髪で乗り切るストーリー仕立ても随分面白かったが、「科学がさらに進歩したら、本当に時間を乗り越えるトンネルのようなものができて、僕らはタイムスリップして未来にも過去にも自由に行けるようになるのかも知れない」。そう考えると心が躍った。

アリゾナの砂漠の地下に設けられた科学センターに、目的とする時代に現代人を送るため「タイムトンネル」と呼ばれるドームが作られたという設定である。しかし、それは未完成のトンネルで完全に日時を制御できない状態にあったため、二人の若い科学者が誤まってトンネルに入り込んだまま、予期しない過去と未来を彷徨う放浪者になるという話であった。

毎回彼らが、思いもかけない時代に行き、英雄と遭遇する。古代ギリシアやモンゴル帝国、開拓時代のアメリカなどで、ジンギスカンやナポレオン、リンカーンと出会う奇想天外なストーリーに、今度はどの時代の誰に会えるのかとワクワクして次の放送が待ち遠しくて仕方なかった。放送時間がちょうど日曜日の夕食時であったが、観ることに集中しすぎてほとんど箸の動きが止まったものだ。

　その頃から医師を目指していた私は「タイムトンネルがあったら、病気になった患者を発症前に戻して治療できるのではないか」とも考えた。もっとも先頃鬼籍に入ったホーキング博士は、「われわれは未来からの観光客に一度も会ったことがないので、タイムマシンなんて未来永劫できはしない。理論的にも無理だ」といっており、その言葉には説得力がある。人生に残された時間があまり長くなくなってきた今、未来に行きたいとは思わないが、過去に遡って会いたい人や謝りたい人がいっぱいいるので、夢は持ち続けていたいとは思う。「人生とは重き荷を背負い坂道を上るがごとし。急ぐべからず。不自由を常と思えば不足なし」。こう言ったのは徳川家康だが、「不自由を常」とはなかなか思えない。「あの時頑張っていればこんな重荷を背負わなくても」と後悔が募る時があるが時計の針は戻らない。だから人はリュックサックのなかに諦めきれない後悔をいっぱい貯めながら人生の坂道を上っていくものかもしれない。

　一九八〇年代、スティーヴン・スピルバーグが総指揮を執りできあがった映画、「バック・トゥ・ザ・フューチャー」もデロリアンという原子力を搭載したスーパーカー仕立てのタイムマシンに乗り、時間と場所を設定すると未来にも過去にも行けるという、奇想天外の設定のなかで、描かれる人間の欲望や優しさ、愛、エゴ、後悔の念などがいっぱい詰まったストーリーは実に面白かった。主人公マーティが若い頃の両親に出会ったり、自分の年老いた姿まで見に行けるダイバーシティには惹きつけられ時を忘れた。発想のユニークさと映画としてのあまりの面白さに、パート3まで作られている。余談だが、主演のマイケル・J・フォックスは若年性パーキンソン病にかかり、その闘病記が本やテレビ番組で紹介され有名になった。

ある街の喫茶店には特別な座席がある。その席に座るとその間だけ過去でも未来でも望んだ時間に移動ができるという。しかし、そこには詳細な決まり事があった。一、過去に戻ってもその喫茶店を訪れたことのない者には会うことができない。二、過去に戻ってどんな努力をしても現実は変わらない。三、その席には先客がいて、席に座れるのはその先客が席を立った時だけである。四、過去に戻っても席を立って移動することはできない。五、過去に戻れるのは、コーヒーをカップに注いでから、そのコーヒーが冷めてしまうまでの間だけである。

この都市伝説に過去に悔いをもった客が喫茶店を訪れてくる。喫茶店の名前は「フニクリフニクラ」。映画「コーヒーが冷めないうちに」（塚原あゆ子監督）の話だ。誰もがあの日、あの時に一度でいいから戻りたいと思って生きているに違いない。そうした思いを上手く物語にした映画である。話は四人にまつわるオムニバスからなる。

思い出に完璧なものはなく、後悔・未練が残るもの

第一話は三十路前の独身キャリアウーマン、二美子（波瑠）の話である。彼女は幼馴染の五郎にほのかな恋心を抱いている。これまで彼女もいろいろな男と恋をしたし、五郎も決してもてない男ではない。

しかし、心の中にはいつも五郎がいて、「いざとなったら五郎」と思っていた。そんな五郎が何の断わりもなくアメリカに留学するという。もちろん、二美子を連れて行く気なんてないらしい。その喫茶店で一週間前にその話を聞かされ、喧嘩別れしてしまったことを彼女は悔いている。「本当は自分を連れて行きたいんじゃないのか」――心の中にはほのかな期待があった。そこで彼女はその瞬間に戻り彼の真意を聞くことに成功する。

　若年性アルツハイマー病を患っている高竹佳代（薬師丸ひろ子）と名乗る女性は毎日のようにこの喫茶店に来ては旅行のガイドブックに丹念に目を通している。しかし目的地が定まらず、同じガイドブックをめくり続けている。彼女を優しく見守るのは夫の房木康徳（松重豊）であり、高竹は旧姓である。夕方になると決まって彼女を迎えに来る。「高竹さん、帰りましょうか」。房木が妻にそう語りかけるのは、彼女が若年性アルツハイマー病を患い、旧姓しか覚えていないからだ。もはや夫のことは親しい友人くらいにしか思っていない。そんな彼女は夫に渡せなかった一通の手紙をもっており、認知症の真っ只中にいても、その思いだけは忘れないでいた。そのことを知っている夫はその席に座り、認知症になって物忘れがはじまったことを伝え詫びる思いの詰まった手紙を受け取ろうとする。過去の時間のなかで、妻はこう語りかける。「ごめんなさい。私いっぱい物忘れして、迷惑かけているんじゃないかしら」。その想いは、夫に対する愛以外の何物でもない。「いや、そんなことぜんぜんないよ。君には感謝しているよ」。優しく静かに答える夫。でも目には涙がいっぱい溜まっていて鼻水が流れる（松重豊の演技が素晴らしい）。

第三話は一人でスナックを営む平井八絵子（吉田羊）の話だ。彼女はこの喫茶店の常連である。八絵子の家業は旅館経営である。そもそも彼女は長女で旅館を継ぐ運命にあったが、自由奔放に生きたい彼女はある日家を飛び出し、スナック経営にたどり着く。姉を実家に引き戻して一緒に旅館の経営をしたいと思っている妹の久美（松本若菜）は八絵子に何度も会いに来るが、八絵子は逃げ回ってばかりいた。ある日その妹が交通事故で突然亡くなる。「きっと自分に会いに来る途中に交通事故にあったのだろう」と自責の念に駆られる彼女は久美が前回喫茶店に来た日に戻りたい、そして妹に謝りたいとその席に座る。第四話は主人公・時田数（有村架純）にまつわるエピソードへと進みクライマックスへと進んでいく。思い出に完璧なものは何もない。楽しかった思い出もそのなかにはいかばかりかの後悔、未練が残る。立川談志が「思い出という名の未練」といった背景にも、落語家として大成する道のりのなかで後悔や未練がたくさんあったことを物語っている。過去の出来事を思い出すとついつい欲が出て、楽しかった旅もあんなところにも行っておけばよかったと思ったりするし、失言の多い私は、「あの日に帰って謝りたい」と思う場面が数多くある。きっと多くの人は、サラリーマン川柳の「プロポーズ　あの日に帰って　断わりたい」と思っているのかもしれない。

　結末がわかっている映画や小説が面白くないのはいうまでもない。五年後、一〇年後自分がどうなっているのかわかっていればそれに備えていろいろな準備ができる。特に病気の予知ができれば即長寿につながることはいうまでもない。そうは思うが、一方で年老いていく、自分や愛する妻の姿を一瞬にしてみてしまうとそれを果たして受容できるのかいささか自信がない。やはりゆっくりと時間をかけて少

しずつ年老いていく自分たちの姿をみつめ順応していくしかないような気がしている。（二〇一九年二月）

■「コーヒーが冷めないうちに」（2018年／日本／116分／監督　塚原あゆ子）

「パッドマン」5億人の女性を救った男」――生理用品開発の歴史

女性の社会進出を手助けした安価な生理用ナプキンの普及

「男女共同参画」が叫ばれはじめて久しいが、文明開化の明治以来、わが国の女性が社会に進出するためには幾多の困難があった。動きづらい和装から洋装に変える必要があったし、下半身を露にしないためには、腰巻文化からパンツ（ズロース）文化に脱却する必要もあった。昔の日本女性の下着といえばもっぱら腰巻であったが、性器をスッポリと覆わない分、高温多湿な夏をすごさなければならない日本の女性にとっては陰部が蒸れず好都合であった。明治以降もしばらくはこの「文化」が続いたが、昭和七年、白木屋デパートで起こった火災が「腰巻文化」を「パンツ文化」に変革させたといわれる。火災のなか、和装の女店員は逃げ惑い、ビルからロープを伝わって避難する際、下半身が露になることを気にして片手でしかロープを掴まなかったため、一四人が転落死したのである。この出来事の後、わが国には洋装やズロースが急速に普及した。

さらに、女性の社会進出には生理中でも安心して働くことができる環境作りが必要であったが、現在広く用いられている生理用ナプキンに到達するまでには随分と時間がかかった。中世では民衆の多くはふんどし状のボロ布などが利用されたため不衛生で感染症の危険があったのはいうまでもない。江戸時代になると、紙が庶民の手の届く価格になったため、経済的にゆとりのある女性は和紙を丁字の形に縫い付けたものを使ったという史実が残っている。

日本における生理用ナプキンの普及の歴史はやはりコストパフォーマンスの歴史といっても過言ではない。薄いゴムを用いた防水性のある生理用品は大正時代に発売されたが高すぎてとても庶民には手が届かなかった。現在普及しているナプキンの国産第一号は昭和三六年に発売された「アンネナプキン」である。何故アンネという名前がついたのか。それはユダヤ難民アンネ・フランクが記した『アンネの日記』のなかに次のような記載があったからだといわれている。「月のものがあるたびに、（まだ三回しかありませんが）苦痛で不快で、うっとうしいにもかかわらず、甘い秘密をもっているような気持ちがします。ある意味うるさいことではあっても、心の中でこの秘密を味わう時の来るのをいつも待ちこがれるのはそのためです。一九四四年一月五日」。体が少女から女性に成長しつつあるなかで自分に訪れたその変化を、恥じらいとともに正直に書き記したこの記述には、その後彼女がたどった不幸な運命を思うと胸がつぶれる思いがする。現在は機能性を十分考慮したさまざまな生理用品が開発され、女性を取り巻く環境は格段に改善している。

映画「パッドマン 5億人の女性を救った男」（R・バールキ監督）は、インドの田舎で一貫して衛生的で安い生理用ナプキン開発に取り組んだアルナチャラム・ムルガナンサムの一途な半生を綴ったノンフィクション『ラクシュミ・プラサドの伝説』を映画化したものだが、インド映画らしくコミカルに脚色した部分もあり、大いに楽しめる映画になっている。

インドの田舎の村で溶接工をしているラクシュミは、母、二人の妹、そして新婚の妻ガヤトリと仲睦まじく生活をしていた。そんなある日の夕食時、ガヤトリは突然体調が悪くなり別室にこもってしまう。それから五日間、彼女はその部屋に閉じこもり安静に暮らすことになるが、その姿をみたラクシュミは彼女に生理が訪れたことを悟る。生理についてほとんど知識がなかった彼は妻が汚れた布を干している姿に驚く。「最愛の妻がこんな汚い不潔な布を使っているなんて」。そう思った彼は、恥を忍んで薬局で生理用ナプキンを購入しようとするが、五五ルピーという値段（約二〇〇〇円）に驚く。意を決して購入し妻に渡すが、「高すぎるし、これを使っていることが周囲に知られると恥ずかしい」と取り合ってくれない。しかし彼は、職場で同僚がケガをした折、止血するためにそのナプキンを使ってみたところ、その清潔性や有用性に驚く。まじめで勤勉、凝り性の彼は、「市販のナプキンは高すぎる。ならば自分で作ればいい」と考え、早速自家製ナプキン作りに取りかかる。

ラクシュミは、綿や接着剤を使って見様見真似でナプキンを作ってはその都度妻に渡すが、とても満足できるものではなく、結局彼女は協力してくれなくなる。それでもいつか妻を喜ばせようと試作を続ける姿は涙ぐましい。妹たちや女子医学生に頼んでまで自家製ナプキンの改良を続けるが、いよいよ奇人・変人と思われるようになり次第に村の人々から孤立していく。ついに誰一人として試してくれる人がいなくなるが、彼はそれでも諦めず、女性用下着を穿いてやぎの血を詰めたゴム製の人工子宮を取り付け、自転車に乗って性能を調べようとする姿は滑稽でみていられなくなる。村人の非難の的となってしまったラクシュミは、一人村を離れざるを得なくなり、妻の家族にも愛想を尽かされ、彼女を実家に引き取られてしまう。

衛生的で安い生理用ナプキンを開発したインド人の物語

こんな状況でも彼はナプキン作りを諦めない。それは村を追われ、結果が出なければもう戻れないという切羽詰まった思いと愛妻を喜ばせたいと願うたゆまぬ思いなのであろう。都会に移り住んだ彼は、「ナプキン作りの知識を得るには大学の教授に師事するのがいい」と考え、教授が暮らす教員宿舎で用務員の仕事をしながら可能性を探る。

運命の扉は少しずつ開きはじめる。ひょんなことからナプキンにはセルローズ・ファイバーが適していることを突き止めた彼は、地元の有力者に取り入り九〇万ルピーという大金を融資してもらい、ナプキン製造機作りをはじめる。試行錯誤の末、ついに自家製のナプキン製造機を完成させるが、普段からナプキンを使っている女子大生のパリーにめぐり合い、生理中であった彼女に彼の作品を使ってもらったところ意外にも好評を博する。

ここからの話はインド映画らしくとんとん拍子に進む。幸運にも彼女の父親が教授をしているニューデリーのインド工科大学で行われる発明コンペに参加するチャンスが訪れたのだ。そして信じられないことに彼のナプキン製造機は見事優勝し大金を得ることになる。彼は、製造機の特許取得を勧められるが、「金儲けのために作ったのではない」と固辞し、代わりに田舎の仕事のない貧しい女性達がナプキンの製造と販売を行うビジネスモデルをインド各地に構築していく。生理用品が買えない女性にとって、「パリー」（ヒンズー語では妖精）と名づけられた清潔なナプキンがたった二ルピーで買えるとあって瞬く間にその製品は評判となり、彼の活動は世界中で注目を浴びることになる。

ついに国連からニューヨークでの講演依頼を受け、パリーとともに初めてアメリカの地を踏むことになる。講演のなかで安価で便利なナプキンの開発の重要性を、下手な英語とボディーランゲージでユーモラスに述べ、聴衆を魅了する。

講演を終え、妻の待つ故郷へ帰ろうとするラクシュミを、彼の人間性や一途な男気に惹かれていたパリーは、後ろ髪を引かれながらも止めることなく明るく見送る。英雄として故郷に凱旋したラクシュミを、誰よりも待ち望んでいた妻ガヤトリが迎え入れる。ブラボー！　映画でも紹介されるが、二〇〇一年の時点のインドでは生理用ナプキンの使用率はわずか一二％というから驚かされる。日本と数十年時代がずれていることになる。インド女性のおかれた現状に疑問をもち、蛮勇を振るって不撓不屈の精神と行動力で安価な生理用ナプキンを開発したラクシュミの努力にはまったくもって頭が下がる。映画では、インドの封建的な社会をコミカルに描くとともに、踏まれても踏まれても明るくめげない鈍感力、失うものは何もないといった開き直り、そして愛する人を一途に思い続け幸せにしようと突き進む愛の力を描いていてみるものを引きつける。

インド映画は、決して登場人物がお高くとまらず、こうした自然体の明るさのなかでことに当たろうとする姿を描いたものが多く、何とも知れず暖かい気持ちになれる。ラクシュミにはホンダの創業者・

本田宗一郎の言葉「チャレンジして失敗することより、何もしないでいることを恐れよ」という言葉を贈りたい。

（二〇一九年三月）

■「パッドマン　5億人の女性を救った男」（2018年／インド／137分／監督　R・バールキ）

「こんな夜更けにバナナかよ　愛しき実話」

――筋ジストロフィー症

五〇〇人以上のボランティアがかかわった患者の物語

幼い頃、運動能力が極端に悪いことをきっかけに筋ジストロフィー症と診断を受け、二〇歳まで生きられないかもしれないといわれながらも四十路を迎えた男がいた。彼の闘病史を纏めた本、『こんな夜更けにバナナかよ　筋ジス・鹿野靖明とボランティアたち』（渡辺一史著）がその内容をもとに映画になった（前田哲監督）。この本が史上初めて大宅壮一ノンフィクション賞と講談社ノンフィクション賞を同時に受賞しているのは読者の心を引きつけるからであろう。

主人公、鹿野靖明（大泉洋）は、病気になっても決して卑屈にならず自分の感情を素直に表現し、さまざまな制約のなかででも夢を追い続けている。そのこだわりのない性格や、素直さがゆえにボランティアの人たちに愛されている。映画では主人公の生き様や、ボランティアとして彼と深くかかわったフリーターの安堂美咲（高畑充希）、医学生の田中久（三浦春馬）らの人間模様もしっかり描かれていて、映画を見終わると一抹のすがすがしさを感じる。

美咲は医学生の恋人、久がボランティア活動に時間を奪われて構ってくれないことに不満だった。彼と少しでも一緒にいたい彼女は、久の活動現場に乗り込んでいくが、そこには何人ものボランティアに囲まれて、わがままばかりいっている鹿野がいた。彼は筋ジストロフィー症のため、首と手しか動かせない状態であったが、ボランティアには気を遣わず、あけすけに地を出し、次から次に頼みごとをいいつけていた。彼には二四時間誰かがついていないと命が保証できないため、夜の部のボランティアが必要だが、ある日これを任された美咲と久に、鹿野は何と突然「バナナが食べたーい」と言い出すではないか。美咲は怒髪天を衝くが、次第に鹿野の、おしゃべりで女好きの性格のなかにも人としての暖かさや人懐こさを感じるようになり、ありのままの姿に興味を抱くようになる。

鹿野の当面の「目標」は、英語検定2級を取得することだったが、その姿に触発された美咲は、改めて大学受験を目指そうと考えるようになっていく。実は彼女はフリーターなのに久には教育学部生と偽って付き合っていたのだった。美咲の久への思いに気づかないまま、鹿野の彼女への思いは深まっていく。その一方で病状は悪化し、医師から人工呼吸器をつけることを強く薦められるようになる。それは鹿野から言葉を奪うことを意味するが、彼はこれを受け付けない。しかしついに英検の受験日、彼は呼吸苦で倒れ、人工呼吸器を装着せざるを得なくなる。

人工呼吸器をつけながらも鹿野とボランティアによる言葉を発する方法の模索がはじまる。ある日、彼は偶然挿管チューブのわずかな隙間から漏れ出る呼気で発声する方法を発見する。一方で人工呼吸器をつけると一日何回も痰の吸引が欠かせなくなるが、これは医療関係者と家族のみに許される医療行為である。しかしそれを知った彼は「ボランティアは俺の家族だ」と言って押し切る。再び家に帰ることが許された彼はボランティアたちとともに旅行に出かけたりしながら残り少ない人生を謳歌し、遂に力尽きて逝く。四二歳だった。彼にかかわったボランティアは延べ五〇〇人を超えるが、彼を偲んで死後もボランティアの会がもたれるという。鹿野という男の人柄が偲ばれる。

筋ジストロフィー症にはいくつかのタイプがあるが、もっとも重篤なものはデュシェンヌ型で、幼小児期から筋力低下症状が出現し、通常、一〇歳代には呼吸筋障害が起こり人工呼吸器につながれるようになる、神経疾患のなかでも難病中の難病である。根治療法は未だ確立されておらず、一昔前までは二〇歳前に命を落とす患者も多かったが、患者のケアシステムが格段に進歩し、今や三〇~四〇歳まで生きる患者も少なくなくなった。

この病気はX連鎖劣性遺伝形式をとるため、通常母親は遺伝子保因者となり発症しないが、男児に二分の一の確率で遺伝子を伝える。したがって母親である自分が最愛の息子を病気にしてしまった、という罪の意識が強いためか、「筋ジストロフィー症母の会」という患者・家族の団体ができている。一方、このタイプに臨床症状は近いが、症状が比較的軽度で一〇歳代になっても歩行もできるタイプにベッカー型筋ジストロフィー症がある。デュシェンヌ型では骨格筋の膜構成蛋白質であるジストロフィンが遺伝的に完全欠損し筋が崩壊するが、このタイプはこの蛋白質がある程度産生され、モザイク状に筋膜に発現するため、進行がデュシェンヌ型に比べて緩やかとなる。鹿野はデュシェンヌ型筋ジストロフィー症の診断を受けたようだが、進行のスピードなどを考えるとベッカー型であった可能性も否定できない。

「もっとも不遇な時にわが身をどう処するか」

ベッカー型患者の臨床症状の軽重はかなり個人差があり、なかには高齢になるまでほとんど筋力低下がみられない患者もいる。小学生の頃からかけっこはいつもビリだったものから、部活で野球やサッカーの選手だったというものまでいる。血液検査で、筋の崩壊が起こると血中に漏れ出るクレアチニン・キナーゼ（CK）値が高いことに端を発し発見され、遺伝子検査や筋生検で確定診断がつくことも多い。進行すると四肢筋の障害に加え心肥大、心不全、さらには呼吸筋の障害により呼吸不全が起こり、鹿野のように人工呼吸器をつけなければならなくなるケースもある。

病気をするとどうしてもマイナスな思考に陥る。さらに残りの人生の時間が計算できるようになると悲壮になっていく。これに手足が動かず、コミュニケーションの手段も限られてくるとどうしようもない閉塞感に苛まれるものだ。人間の真価が問われるのは、もっとも不遇な時にどうわが身を処するかであるとはいうものの毅然と生きていくのはなかなか難しい。一方でそうした患者にかかわる側からすると、どうしても「可哀そうだ」という気持ちが先行し、一歩引いてかかわり合ってしまいがちになる。しかしそれは決して患者側が望むことではない場合が多い。実際の医療の現場では、患者は不具合さを理解してほしいという思いと、同情されたくないという思いが錯綜しており、医療従事者はそのかかわり合い方に苦慮することが少なくない。

一人の身障者、患者に一〇〇人はおろか五〇〇人以上のボランティアがかかわり合うなどということは通常起こり得ない。いかに鹿野という男に人間としての魅力があったか窺えるが、人間は誰でもどんな状況でも、生きるためには自分の思いを表現し、その思いが達成されるよう努力する「権利」がある。筋ジストロフィー症は不幸にして心筋や呼吸筋を含む骨格筋が障害される病気ではあるが、人として生きるための脳は障害されず、瑞々しい心は保たれる。普通の人間が享受できる喜びや楽しみを得ようとする「生きる意志」は保証されなければならないがそのためには、決して陰にこもらず、鹿野のように自分の恥ずかしい部分もさらけ出す覚悟も必要なのだということをこの映画は教えてくれる。

わが国では最近、身障者向けのトイレや、公共の建物でのスロープなどが随分と普及しつつあるが、依然身障者が利用できない建物は少なくない。北ヨーロッパを旅してみると、未だに日本が、身障者に冷たい社会であることを痛感する。

超高齢化する社会のなかにあって、高齢者の介護、増加する認知症患者への対策など医療における問題は山積みされているが、こうした若い難病患者のケアも二一世紀の大変な問題だ。少子化の波のなかで、場合によっては知恵と経験豊かな健康な老人をそうした現場に引っ張りだし何らかの形で活用しなければ社会が成り立たなくなるが、この映画に描かれている鹿野のようなケースをみると、やはり同じジェネレーションの人間がもっともっとボランティアという形で身障者を支えていかなければならないと思う。「協働」という言葉が叫ばればじめて久しいが、老人が増え、若者が減る日本の社会にあっては、異なったジェネレーション、異なった仕事をもつ人々がそれぞれの特性を生かしながら、垣根を越えて協力し合い、オーバーラップしながら協働するシステムを構築していかなければわが国の未来はない。

（二〇一九年四月）

■「こんな夜更けにバナナかよ　愛しき実話」（2018年／日本／120分／監督　前田哲）

「恍惚の人」―― 認知症のケア

昭和の時代の良妻賢母を好演した名女優・高峰秀子

有吉佐和子の『恍惚の人』は今から五〇年も前の小説であるが、現代社会における認知症患者ケアのさまざまな問題を予見している。認知症を患った茂造を義父にもつ嫁・昭子による介護を描いているが、それはまさに彼女の認知症との格闘のドキュメンタリードラマのようで心に迫る。映画「恍惚の人」（豊田四郎監督）は、これを見事に視覚化し、茂造を森繁久彌が、嫁の昭子を高峰秀子が好演している。

立花昭子（高峰秀子）は、法律事務所の秘書のパートをしながら夫の父母と同居している。舅、茂造（森繁久彌）とはぎくしゃくした関係ではあったが、波風立たず暮らしてきたようだ。夫は会社でそれなりのポジションを得て順調に出世しているかにみえる。彼は高度経済成長当時の日本にみられた典型的なサラリーマンであり、家のことにはほとんど関心がない。一方昭子はそんななかで家事もすべてこなし、舅、姑の面倒までみる、まさに良妻賢母であり、そうした状況に別段不平不満を唱えるわけではなく、家を守るのが当たり前だと思っているようだ。ぶっきらぼうな舅とは対照的に優しい姑は心の拠り所だったようだ。スープの冷めない距離とはいうが、舅姑夫妻は庭を挟んで隣の棟に住んでいる。

ところがある朝、茂造が慌てて昭子の部屋に飛び込んでくる。「どうもばあさんが息をしていないようだが…」。慌てて部屋に駆け付けると、冷たくなって動かない姑が寝ているではないか。その日を境にして茂造の受け答えがおかしくなる。まさに認知症の症状が妻の死とともに表在化してきた感じだ。彼は葬式に駆け付けてきた娘の京子（乙羽信子）が誰だかわからない。「お父さん、私が誰だかわからないんですか？　娘の京子よ」「ああ、そうですか。私の娘はあなたみたいに年寄りじゃありませんよ」。実父の惨憺たる有様に呆れ果てた京子は葬式が終わるとそそくさと帰っていくが、こういう時、遠くの親族は得てして頼りにならないものだ。

昭子は夫の父である以上、茂造を捨てておくわけにはいかないと思っている。彼女の壮絶な介護の日々がはじまることになる。自分の仕事もほどほどに、まず老人クラブ（今のデイサービスに当たる）に連れていくが、茂造はそこにいる老人たちと上手く打ち解けない。それればかりか彼に興味をもち親身になって近づいてきてくれた同年代の老女（浦辺粂子）と口論をはじめたりする。「昭子さん、私はばあさんは嫌いですよ。何しろ臭いです。年寄りのにおいがする」「何をいうんですか。この人はボケてますよ。お気の毒だと思うから世話してあげただけなのに。あなたの口こそどぶの匂いのように臭いですよ。とんでもない年寄りだ」。

もうこりごりといった感じでこの老女は愛想を尽かし逃げていく。当時の日本では、こうした認知症患者を収容してくれるのは精神科ぐらいしかなかったが、昭子はさすがにそれはできない。ある日夫に茂造の介護をぼやきながらも、「あなたや息子の聡が病気になったら死んでも看病するわ」というところをみると、彼女には夫への愛がある。だから嫌でも夫が安心して仕事ができるようにと思い茂造の介護ができるのだ。しかし一方で昭子が必死で夫に相談しても、「おやじなんか殺せよもう!」と無神経でぶっきらぼうな返答しかしない。しかしそれでも献身的な介護を続ける。

ある日、舅が外に飛び出し行方不明になるが、画面には泣きそうな顔をして足を棒にしてまで茂造を探す彼女の直向きな姿が映し出される。彼が典型的なアルツハイマー病の症状を示し進行していくなかで、昭子は心も体も追い詰められ、将来迎えるであろう自分と夫の老い先を思い、途方に暮れ疲弊していく。

彼女の奮闘には終わりがないかにみえる。茂造は一時的に過食症になるが、その世話一つとっても大変だ。昭子は「いったいどこまで続くこの泥濘ぞ」という心境になったはずである。夜中騒いだり、寝室に起こしに来たり、彼女のみならず夫も寝不足になったため、医師に相談して睡眠薬をもらってきて茂造に飲ませるが、平穏な夜が訪れたと思ったのも束の間、今度は熟睡して小便をたれるではないか。その都度寝具、部屋の大掃除をするのは彼女である。茂造は目を離した隙に風呂で溺れたりもする。ある時は夜間に便をふすまや障子に塗りたくったりもする。困り果てた夫婦はついに大学生のカップルを住み込みで雇うが、それでも次々に問題が起こっていく。

もう駄目だと思った頃、茂造の健康状態がおかしくなり、全身状態が衰弱して、遂に最期の日を迎えるといった話だ。

日本語として整合性がとれない「認知症」という言葉

この小説、映画は、まだ日本人が痴呆・認知症という言葉になじんでいない時に突然のように登場してきたが、高齢化に向かいつつあった日本の社会のなかで徐々に増加しはじめた認知症老人、そして当時の介護の実態を見事に描いている。当時の日本には未だに戦前の価値観が色濃く残っており、嫁いだ家の義理の両親は嫁がケアをするのは当然という意識があった。しかし一方で介護システムは整っていないばかりか、第三者が事業として認知症患者を介護するという意識が芽生えておらず、家庭の主婦の忍耐には計り知れないものがあったはずである。この時代の前に遡ると、電気炊飯器や洗濯機、掃除機がなかった頃の主婦はこの問題にどう向き合ったのかはっきりとはわからないが、その頃の日本は高齢者が少なく、認知症患者も今よりはずっと少なかったため大きな社会問題にはならなかったのかもしれない。現在わが国の高齢者は爆発的に増え、九五歳以上の老人で多少なりとも認知機能が低下している老人は七〇~八〇%にのぼるといわれている。最近は随分と認知症患者のケアは整備されてきたかにみえるが、認知症患者数の伸びは尋常ではなく、一〇〇歳以上のセンティネリアンはつい最近まで数万人だったものが今は二〇万人を超え、予想をはるかに超える勢いで伸び続けている。

当時は認知症患者を痴呆患者とか、ぼけ老人と呼び、該当学会は日本痴呆学会と呼ばれていた。認知機能の障害を認知症と呼びはじめたのは二一世紀に入ってからのことだ。痴呆という言葉は蔑視語であるとして、日本痴呆学会に政府が改名すべきだとする見解を示した。東京女子医科大学名誉教授の岩田誠先生によると、これを受け、痴呆学会から認知症学会への改名が理事会で諮られたが、当初会員の多くはこれに反対した。結局、さまざまな要因、外力により日本認知症学会へと改名することになる。しかし、岩田先生は疑問を投げかける。「認知症という言葉は日本語として大変不適切である。『症』という語は糖尿病性腎症、肥大型心筋症のようにいずれかの臓器に生じた病態を意味するか、あるいは不妊症、失語症のように『不妊』『失語』など一定の状態を示すのに使われるかどちらかである」。

先生はさらにこう続ける。「もし認知症なる語が正しい日本語ということになれば、不妊症、失語症はそれぞれ『妊娠症』や『言語症』と呼ばねばならないことになってしまい、大混乱が生じてしまう…」。「痴呆」という言葉はボケそのものを指す言葉になり、認知症患者が示すさまざまな病態を完全には現わしてもおらず適当ではないと思われる。一方で岩田先生がいうように「認知」という言葉を使うのであれば「認知障害症」とでもしなければ日本語として整合性が取れないことになる。さらに安直に言葉さえ変えれば差別が緩和されるとする考え方も浅薄で問題が残る。

映画では、息を引き取る直前、公園に紛れ込んだ茂造は、まるで知覧を飛び立つ少年飛行兵のように「おかあさん」と呼んで息絶える。認知症の最中、一言目には「昭子さん」、と呼んで彼女を困らせていたのは、もしかすると心の優しい彼女のなかに母の面影を感じ取っていたからなのかもしれない。人は病で鼓動が止まり、息が途絶え旅立つ直前、赤ちゃんに戻り無意識のなかで母に抱かれて、ヒトのルーツである海に帰ろうとするのかもしれない。母という字は海に似ている。フランス語で〝母〟を意味する〝mer〟も、〝mere〟という〝海〟を意味する言葉に似ている。このことは万国共通である。

（二〇一九年五月）

■「恍惚の人」（1973年／日本／102分／監督　豊田四郎）

「世界で一番ゴッホを描いた男」―― 本物を求める心

ゴッホの絵の複製画を描き続けてきた男の人生

中国による知的所有権の侵害が叫ばれて久しいが、彼の地では名画のレプリカ制作も一つの産業になっているようだ。中国、深圳市近郊の大芬（ダーフェンと読む）という地域に、もう二〇年以上もひたすらゴッホの絵の複製だけを描き続けてきた男がいる。名前をチャオ・シャオヨンという。「世界で一番ゴッホを描いた男」（ユイ・ハイボー、キキ・ティンチー・ユイ監督）は、彼が大芬で長年ゴッホの絵を描き続ける日常と、「本物のゴッホの絵を観たい」という夢を叶えるため、アムステルダムを訪れるまでを描いた感動のドキュメンタリー映画である。

深圳市も中国の他の大都市と同様に目覚ましい発展を遂げており、高層ビルが聳え立ち、人口が密集している。そんな街のビルの谷間に、チャオの工房がある。そこにはゴッホの名画の複製が無造作に並べられており、彼やその弟子たち数名の「職人」が暑さで汗まみれになりながら上半身裸で絵を描いている。正確にいうと、ひたすら「絵の複製を生産している」といってもいいのかもしれない。大芬はその筋では有名な世界最大の油画村となっている。驚くことに世界の六割の名画の複製画がそこで描かれ、一万人以上の職人が働き、外貨を稼ぐ手段の一つになっているという。チャオの妻もいつの間にか彼の弟子になって「ゴッホを描いて」いる。彼らが描く絵の数は一カ月で数百枚にものぼる。何故この地域が「絵画村」と化したのかは映画では語られていないが、チャオは独学でゴッホの絵の複製を自分のものにした。他の名画を模倣しようという気持ちにならないのは、あながちお金のためだけではなく、芸術家としてのゴッホに憧れ、その絵に魅せられ、それを極めたいという気持ちがあるからなのであろう。だから彼はいつの日かアムステルダムのゴッホ美術館を訪れ、本物を観てみたいと思い続けている。チャオたちは時折、居酒屋に集まってゴッホについて熱く語り合ったりもする。みんな彼に魅せられ続け、心から尊敬しており、複製絵を描くことに誇りをもっている。ある日、彼の家で映画「炎の人ゴッホ」の鑑賞会が行われる。彼らののめりこみようは尋常ではなく、カーク・ダグラスが演じるゴッホの人生に自分を投射しているかのようにみえる。とにかく彼らはゴッホのこととなると熱い。

ある日、チャオは思い切って妻に「俺はどうしても本物のゴッホの絵を観にアムステルダムに行きたい」と話してみるが、妻からは「家計は決して楽ではなく旅費を払うのは難しい」と突っぱねられてしまう。しかし彼は諦めず、アムステルダムの取引先の画廊に交渉し、オランダの滞在費だけは援助してもらうところまで漕ぎ着け、ついに彼の夢が実現する日が近づいてくる。

彼はパスポートの申請のため故郷の村に帰るが、そこでは村人が集い、お祝いの宴を開き、渡航を祝うことになる。敬愛する祖母にも会うが、酒に酔い、気持ちが緩んだのか、感極まって「家が貧しかったから、中学も中退し、お金のために絵を描きはじめた」と泣き出す。

遂に本物のゴッホの絵を観たいという執念にも似た思いが叶う日がやって来て、チャオはアムステルダムの地に降り立つ。アムステルダムといえばヨーロッパの大都市で、目にするものは驚きの連続であったが、想定外であったのは、普通の土産物屋の前で、彼が描いた画が無造作に並んでいることであった。彼はずっと自分の絵は高級画廊にでも飾られているとばかり思っていたので大いに落胆する。さらに、受け取っていた金額の一〇倍ほどで売られていることにも驚く。

そして、彼はやっとゴッホ美術館で本物のゴッホの絵の前に立つ。彼はそこに所蔵されている数百点の絵に圧倒され、美術館を出た後も前の広場で日が暮れるまで呆然と立ち続ける。次に、彼はゴッホゆかりの地を訪れることにする。ゴッホがかつて入院していた精神病院、そして弟テオとともに埋葬されているお墓にも行く。お墓の前で中国タバコを手向ける場面では、感極まった光景が映し出される。

帰国した後、彼は美術館のスタッフに訊かれた言葉をつぶやく。「ずっとゴッホの複製画を描いてきたといったら、君のオリジナルの絵は何？　っていわれたのさ」。彼は一念発起し、オリジナル作品を描きはじめる。初めて描いたのは大好きな祖母の顔と故郷の風景であった。

アムステルダム観光の名所「ゴッホ美術館」

「親愛なるテオ、僕は近くへと歩んでいるつもりだが、それは遠いのかもしれない」。映画でも紹介されるゴッホの有名な絵への飽くなき思いだ。ゴッホは、一八五三年、オランダで牧師の家に生まれる。成人して画商に勤めはじめるが、間もなくイギリスで教師として働いた後、オランダのドルトレヒトの書店に勤めているうちに聖職者を志すようになり、アムステルダムで神学部の受験勉強をはじめる。しかし結局挫折し、好きだった画家の道を歩むようになる。

弟テオの援助を受けながら絵を描き続けるが、不遇な時期が続いた。ゴッホ美術館にもあるように、日本の浮世絵にも関心をもち、収集や模写を行っている。その後、南フランスのアルルに移り、「ひまわり」「夜のカフェテラス」などの名画を次々に生み出す。ゴーギャンと共同生活をしていたが行き詰まり、有名な「耳切り事件」を引き起こす。てんかん様の発作に苦しみながらアルルの病院に入退院を繰り返した。遂に一八九〇年七月、銃で自殺する。病名は最終的にはてんかんだったとも統合失調症だったともいわれている。

二月の終わり、学会でアムステルダムを訪れた。やはりゴッホの絵は大変な人気で、町中にゴッホの息吹を感じる。アムステルダムの観光といえばまずゴッホ美術館に行くことは外せない。昼のうちに入場券を求めに行ったが、結局午後六時の入場チケットしか手に入らなかった。多くの国の美術館、博物館は午後五時か六時が閉館だが、圧倒的な人気を誇るゴッホの絵は夜の部も開館しなければ観光客に披露しきれないのかもしれない。二階には何十もあるゴッホの自画像が保存されているが色調も表情も暗い。三階、四階と進むにつれ南フランスのアルルの牧歌的な風景が黄色と青を基調にした色彩で描かれている。ゴッホといえば黄色のイメージがあるのは、この頃の絵の印象なのか。絵の中に垣間見えるのは、てんかんや精神疾患に苦しんだゴッホの決して幸せではなかった半生である。才能があっても画家や小説家として大成できる者は極めて少ない。しかも、生前に評価され幸せに人生の幕を閉じることができた作家は極めて少ない。

現在わが国でまことしやかにささやかれていること。二〇二〇年、東京オリンピック以降不況がやってくる。すでに二〇〇八年をピークに総人口が減り二〇四二年には高齢者数も減りはじめる（高齢者の割合は激増する）。二〇三〇年、ＡＩの開発により、今ある職業の半分がなくなる。

同じ頃、ＡＩの開発により、画像診断、臨床検査、病理検査の主体はＡＩになる。二〇四〇年、今ある市町村の半分はなくなる。二〇四五年、〝Singularity〟（技術的特異点）元年。シンギュラリティとは、未来学者のレイ・カーツワイル氏が提唱した言葉で、「ＡＩの知性（性能）が人類を超える時点」を指す言葉ある。この時点を超えると、ＡＩはＡＩ自身でより賢いＡＩを作っていくといわれており、この段階でＡＩは、人間と知性においても区別できないレベルにまで発達するという。これには否定的な意見もかなりあるが、少なくとも今より遥かに賢いＡＩが登場していることだけは間違いない事実であろう。

その時人口一三億超を抱える中国はどうなっていくのか？（もちろんわが国も同じ運命にあるが）、音楽も絵画も人の知能を超えたＡＩが席巻する時代が来るとしたら、絵の具を使ってＡＩが複製画をわずか数十秒で描いてしまうようになるだろう。むろんチャオはとっくの昔に失業しているはずだ。その時、現代人が「芸術性」などという茫洋とした言葉で表現しているものは一体どうなっていくのか。喜怒哀楽、感動などといったヒトしか持ち得ないものにＡＩがどのように入り込んでいるのか…空恐ろしい気がするが、実際の半世紀後の人間社会を、われわれは知る由もない。

（二〇一九年六月）

■「世界で一番ゴッホを描いた男」（2016年／中国・オランダ合作／84分／監督　ユイ・ハイボー、キキ・ティンチー・ユイ）

「天才作家の妻―40年目の真実―」――愛情ホルモン

私の研究室では血中オキシトシンを「愛情ホルモン」と呼ぶ

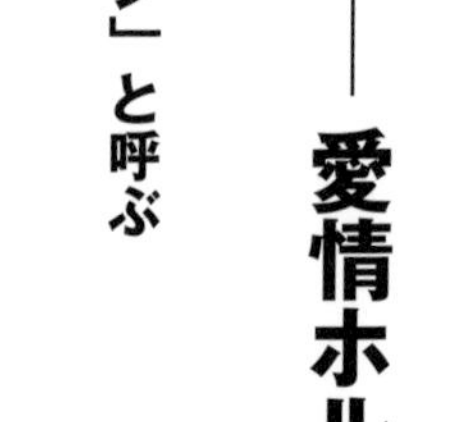

人生は終わりよければすべてよし、ああ幸せだったと思って人生を終わりたいものだ。だから熟年離婚などという、順調に航海を終え、帰るべき港に帰ろうとしている時に突き付けられる、青天の霹靂ともいうべき最悪の出来事だけは体験しないで人生の終末を迎えたいと常々思って生活している。

ヒトを除いて哺乳類のほとんどは一夫一婦制ではないが、ハタネズミだけは一夫一婦制で、その結果、このネズミは家族をもち、オスは子育てにも参加することが知られている。この理由を調べると、この種のマウスだけ、とりわけ血中のオキシトシンレベルが高いことが判明している。私の研究室の松下助教は性交渉のクライマックスになると血中に高いレベルのオキシトシンが放出されることを突き止め、このホルモンを「愛情ホルモン」と呼んでいる。困ったことにオキシトシンは加齢とともに下がることも明らかになっている。この現象が熟年夫婦の離婚の原因だと言い切ってしまうと極論になるが、さまざまなホルモンの分泌が低下し、身体能力も知力も低下する老年期に円満な夫婦関係を維持するためには、ホルモン分泌に替わる長年苦楽をともにしてきたなかで培ったｃｏｍｐａｓｓｉｏｎ（共感、思いやり）を大事にする努力が大切なのかもしれない。

映画「天才作家の妻 40年目の真実」（ビョルン・ルンゲ監督）はメグ・ウォリッツァーのベストセラー小説『The Wife』を映画化したものだが、その結末が衝撃的で面白い。

一九九二年一〇月、コネチカット州のとある田舎町のことだ。真夜中、ジョゼフはなかなか寝付けない。それもそのはず、彼はこれまで何度か空振りに終わったノーベル文学賞受賞を知らせる電話を今度こそはと待っている。妻のジョーンも当然目が覚めている。早朝、ノーベル財団から電話が入る。もちろん彼がノーベル文学賞を受賞したと伝える電話であった。この時はジョーンも嬉しさを隠しきれない様子で、「やっと夢が叶ったのよ」と興奮気味に微笑むのだった。ジョゼフは心臓のバイパス手術を受けてはいるものの今は投薬でコントロールされており、二人の子供にも友人にも恵まれ、悲願であったノーベル賞まで受賞し、人生の絶頂期にいるようにみえる。夕方、家族、そしてたくさんの隣人や友人が集まってくる。ジョゼフはこう挨拶をはじめる。〝My greatest achievement is persuading this woman to marry me〟（私の最大の業績は横にいる女性を妻にめとったことである）。アメリカ人にとってこのような場ではありふれた表現のように思われるが、この映画ではこの夫婦にとって重要なキーワードであることが話が進むにつれてわかってくる。

ジョゼフはジョーンと、小説家を目指している息子のデビッドを連れて授賞式出席のため、ストックホルムへ向かう。機内で記者のナサニエルが無神経にもこの夫婦に近寄ってくる。なんだかこの夫婦のことは何でも知っているといわんばかりの馴れ馴れしく横柄な態度だ。ストックホルムに到着した家族は予想通りの歓待を受ける。用意されたデラックスルームの本棚にはジョゼフが書いたすべての本が用意されている。

ジョーンはその雰囲気に次第にイライラしてくる。またデビッドも、書いた小説が父親にまったく評価されないうえ、父の重圧の前でうまく羽ばたけないでいる。この親子は明らかにうまくいっていないし、三者三様であり、ジョゼフと妻、子供は心がつながっていないことが明らかになってくる。

ジョーンはホテルの部屋でジョゼフの小説を手に取りながら自分の学生時代を思い出す。一九五八年、スミス大学の学生だった彼女は、教鞭を執っていた若かりし頃のジョゼフに憧れる。ある日、自分の書いた小説についてコメントをもらうため、彼の研究室を訪ねるが、彼は彼女の文才を高く評価するとともに、女性としても興味をもつようになっていく。同時に彼女も彼のカリスマ性や言葉巧みな弁舌力、包容力などに惹かれついに恋に落ちる。彼も家庭を捨て新しい生活をはじめることになるが、彼女には、小説家を目指していた学生時代に出会った女流作家から、「女性作家の地位は低く、世間から軽視されるので、女性の職業としては勧められない」と忠告され、小説家の道を断念したことが昨日のことのように思い出されていく。

「人生は終わりよければすべてよし」という真実

ホテルへ向かうリムジンの車中、父と息子の間で口喧嘩がはじまる。止めに入るジョーン。努力しても自分の自信作である短編小説に前向きな意見をもらえないデビッドはカッときて、車を降りて別行動をとるようになる。殺伐とした雰囲気のなかでジョーンも心が荒んでいき、ノーベル賞のリハーサルには同行せず一人ダウンタウンで時をすごしていると、そこへ再びナサニエルがやってきて、近くのバーで一杯やることになる。

　ナサニエルは、出版社からジョゼフの伝記を書かないかと打診されているとほのめかし、ジョゼフが浮気性であることやジョーンが学生時代に書いていた小説が実はジョゼフより素晴らしく才能に富み、結婚後ジョゼフの小説が格段によくなったことをあけすけに指摘しはじめる。「ジョセフの、あなたとの結婚前の作品は駄作だ」とまでいって鎌をかけてくる。結局、実はジョゼフの作品はストーリーは彼が考えたものの彼に文才はなく、小説の形に仕上げていったのはずっとジョーンだったことがわかってくる。

　ノーベル賞授賞式当日がやってくる。ジョゼフは国王からメダルを授与される前に挨拶に立つと、「この名誉に相応しいのは妻である」と謝辞を述べるが、いたたまれない気持ちになったジョーンは席を立ち会場を急ぎ足で出て行く。焦ったジョゼフは後を追う。二人がリムジンに乗り込むと、ジョーンはジョゼフになんと「別れたい」と告げるではないか。

　ホテルに戻ると、二人は堰を切ったように激しい口論をはじめる。そのなかで、ジョーンは四〇年間ずっと耐えてきた夫婦の関係、世間を欺いてきた後ろめたさなど、思いの丈を叫ぶ。彼女は、「毎日八時間机に座って書いたのは私であり、あなたは単に編集作業をしただけだ」とまでいう。それに対してジョセフは「恥ずかしいことは何もしていない、自分たちは共同執筆者だ」と反論するがその言葉は彼女に空しく響くだけであった。彼は「これまでいっさいの家事をこなし、君が集中して書ける環境を整え、才能のない自分は惨めだったが結婚生活を投げ出さなかった」とどこまでも弁解に終始するがその言葉に説得力はもはやない。ついに彼女は、「代わりに何度も浮気したのよね」とこれまで決して口にしたことのない言葉を発してしまう。

さらに口論は続く。「前妻から自分を奪ったネタを使った話だけが唯一素晴らしい作品だ」とジョゼフのほうも妻をもっとも貶める言葉を吐くが、それに対して「恥を知れ」といって冷たい笑顔を浮かべた彼女は、スーツケースに自分の服を入れはじめる。遂にジョゼフは、「無神経で能なしの自分と何故結婚したのか教えてくれ」と真剣な眼差しで尋ねるが、「わからない」と妻は泣き崩れる。

さらに口論が続くなかでアクシデントが起こる。ジョゼフが心臓発作を起こしついに心停止したのだ。ジョーンは、慌ててフロントに助けを求める電話を入れ、彼の手を握り、ゆっくりと呼吸をするように促す。「それでも僕を愛しているのか？」と尋ねるジョゼフに、ジョーンは、冷たい微笑のなかで「とても愛しているわ」と答える。

ジョーンの人生は、まさにジョゼフの影武者としての人生であり続け、「あげまん」として立派に夫を「育て」上げた。そんななかで、夫に裏切られ続けながら結局夫のもとを去らなかった理由は、自分には持ち合わせていないカリスマ性や人前で理路整然と自分の考えを述べる雄弁な能力を彼がもっていたからにほかならない。また彼なしでは自分の作品が日の目をみなかったことも出版社に勤めていた彼女自身が知っていたのであろう。

酸いも甘いも知り尽くした熟年夫婦が、積年の恨みをぶつけ合う姿はあまりに見苦しい。フーテンの寅さんの「おいちゃん、それをいっちゃーお終いよ」という台詞が聞こえてきそうだ。愛情ホルモンの低下がなせる業なのかもしれない。

（二〇一九年七月）

■「天才作家の妻 -40年目の真実-」（2017年／スウェーデン・アメリカ・イギリス合作／101分／監督　ビョルン・ルンゲ）

「沈黙—サイレンス—」——〝ころんでしまう〟心

「日本のマルコ・ポーロ」ペトロ岐部の強靭な殉教精神

　藤原道長の代表的な和歌は「この世をば　我が世とぞ思ふ　望月の　欠けたることも　なしと思へば」である。一〇世紀末から一一世紀当初、彼は摂政、太政大臣までのぼり詰め、天下をほしいままにした。当時の藤原一族は諸国からの貢ぎ物などに溢れ、特に道長は、旨いもの、カロリーの高いものを食べていたに違いない。彼の糖尿病そのものの症状の記載が『小右記』に記されているが、これがわが国最初の糖尿病患者の記載だとされる。当時の日本には（それは近世まで続くのだが）ほんの一握りの貴族と圧倒的多数の、食べるものにも事欠く貧しい平民が暮らしていた。糖尿病をはじめとする生活習慣病が社会の問題になるのは日本史のなかでわずかに戦後の数十年のことで、それまでの日本人にとって、血糖を下げるホルモンはインスリン一つで充分であった。西欧の肉食・狩猟系のコーカシアンに代表される民族は、肉とパンが主体の食事を構成してきたので、アミノ酸、脂質、含水炭素など、日本人と比べると食のバランスという点では勝っていた。

　日本人は明治になるまで、米食に加えて植物性蛋白質を少量とるような食生活のなかで、早朝から日が落ちるまでひたすら農作業を行い、ある時は戦に駆り出された。兵糧とは主に米を指す言葉であるが、握り飯と沢庵くらいを食べながら、君主のために命を賭して戦えといわれ頑張ってきた。これが現代人なら多くはこれに従うことなどできないはずだ。

遣唐使は、食料調達もままならない当時、東シナ海を小舟で渡るため危険であったし、水の合わない中国で命を落とすことも多かったため、自分に順番が回ってきた菅原道真が、身の危険を感じて廃止した、とする説がある。松尾芭蕉が「旅に病んで　夢は枯野をかけ廻る」という辞世の句を残して旅先で逝ったように、遣唐使の昔から食料を調達しながら旅をするのはまさに命がけであり、旅の過程で低栄養で命を落とすことも少なくなかった。その昔、キリスト教に帰依したいとして海を渡った信徒はどのようにしてこうした困難を克服していたのであろうか。

ペトロ岐部は一五八七年、私の郷里大分県国東の、国見町岐部に生まれた。父は、当時豊後の国を支配していた大友氏の重鎮であり、キリシタンであった両親の影響を受け、洗礼を受ける。運悪く一六一四年、徳川幕府が出したキリシタン追放令のため国外追放処分を受け、マカオへ逃げ、そこで神学を学んだが、後、インドのゴア経由でペルシャ、エルサレムを経てローマにたどり着いた。一六二〇年のことである。ローマ法王から司祭に叙された後、再び膨大な距離を歩き、殉教を覚悟のうえで日本へ帰国する。キリシタンというだけで処刑された当時の日本にあって、布教活動をしながら東北まで逃れたが密告され捕らわれの身となる。最期は江戸に送られ、逆さ吊りにされ、糞尿が充満したツボに頭を浸けられる「穴吊りの刑」に処されるが、それでも彼は棄教しなかったため、遂に腹を火で炙られ殺された。五二歳であった。

彼は「日本のマルコ・ポーロ」と呼ばれるが、その殉教精神もさることながら、当時の衛生環境下で食糧の調達もままならないなか、空腹をこらえながら数万キロを踏破し隠れキリシタンとして一生を閉じた。奇跡といってもよいかもしれない。「一日に玄米四合と味噌と少しの野菜をたべ　あらゆることを自分を勘定に入れずに　よく見聞きしわかりそして忘れず　野原の松の林の蔭の小さな萱ぶきの小屋にいて　東に病気のこどもあれば行って看病してやり　西につかれた母あれば行ってその稲の束を負い　南に死にそうな人あれば行ってこわがらなくてもいいといい　北に喧嘩や訴訟があればつまらないからやめろといい」（「雨にも負けず」宮澤賢治）

明治の中期の東北もこうであった。高々玄米四合と味噌と少しの野菜を食べて暮らしていた。現在の日本人の食生活からは考えられない粗食であるが、ペトロ岐部はそれよりはるかに悪状況のなかで、地球を一周するほど歩いた心の支えはキリストであったのであろう。

人の弱さに焦点を当てキリシタン弾圧時代を描いた『沈黙』

人は本質的に仲間をもたなければ生きていけない。ヨーロッパを席巻していたネアンデルタール人がわれわれの祖先ホモサピエンスにとって替わられたのは、ネアンデルタール人は知能は高かったが前頭葉が発達しておらず、集団生活に適さなかったからだとされる。子孫を増やしたい、自分の考えと同じ仲間を増やしたいという欲求は、ホモサピエンスに端を発するヒトが進化の過程で培い伝えてきた「遺伝情報」である。古よりいくつかの宗教で、人々が弾圧を受けながらも耐えることができたのは仲間がいたからにほかならない。

ヒトには本質的に頑張ることができる人とできない人、我慢できる人とそうでない人、また他人を攻撃するタイプと虐められるタイプの人間がいる。そんななかで必然的に支配する側と支配される側が形成されるわけだが、それは、ほんのわずかな個性の違いと環境によるものなのであろう。果たして弾圧を受けても最後まで「頑張る」ことができる「強い人」を尻目に、「遂に頑張ることができなかった人、遂に我慢できなかった人にはそれなりの理由があるはずだ」。クリスチャンであった遠藤周作はこう考え、そうした人間がもつ「弱さ」に焦点を当てキリシタン弾圧時代の長崎を描いたのが『沈黙』である。そしてその小説の神髄に心酔し、そうした人の心の内を映像を通して表現しようとしたのが映画、「沈黙―サイレンス―」（マーティン・スコセッシ監督）である。

日本でキリシタンが弾圧を受けていた一六三七年のこと、ポルトガルで暮らす宣教師、ロドリゴとガルペのもとに、尊敬していた師フェレイラが、日本に布教活動に行ったものの迫害に耐え切れず改宗し、日本人妻と結婚しているらしいという衝撃的な情報が入る。強靭な精神をもち、自分たちが神父の理想として敬愛していたフェレイラが何故そうなってしまったのか、二人は布教活動と彼の消息を探るため、日本へ渡ることを企てる。

幾多の困難を乗り越えて特に弾圧の激しい長崎のとある村に潜入するが、そこで目にしたものは、隠れキリシタンとしてひたすら純粋にキリスト教を信仰する農民と非情なまでにキリシタンに拷問を強いる長崎奉行の面々の姿であった。彼らはキリシタン狩りで村ごと焼かれた光景を目の当たりにして胸を痛める。二人は村人のキチジローという、「ころびキリシタン」の密告により捕らわれの身となるが、彼らの目の前で執拗に村人の拷問が繰り広げられる。棄教さえすれば、隠れキリシタンの命は救ってやると奉行に迫られるが、揺れる心の中でひたすら耐え続ける。

話は進む。長崎奉行の計らいで、ロドリゴは長崎のある寺に連れていかれ、棄教し沢野忠庵と名乗っているフェレイラと遂に会う。彼はロドリゴに、所詮布教活動では日本人にキリスト教の本質は伝わらず、意味がなく、これ以上犠牲者を出さないためにも棄教するべきだと勧める。それでもロドリゴは棄教しなかったが、次々にキリシタンが拷問を受け死んでいくなかで、遂にロドリゴに踏み絵が行われる時がやってくる。彼は、この時初めて内なる心の声として、「私を踏みなさい」というキリストの言葉を聞く。そして結局ロドリゴも、フェレイラと同じように踏み絵を踏み、棄教したのだった。その後、ロドリゴは、日本人の妻子も与えられ、四〇年間日本で仏教徒として暮らした。亡くなった時、彼は仏教徒として火葬されたが、その手にはしっかりと十字架が握られていたという。

先日、私は妻と世界文化遺産に登録された長崎の隠れキリシタンの村、外海（そとめ）を訪れた。山間の段々畑の中にいくつかの粗野な教会とロドリゴが隠れていたような隠れ家が残っている。三〇〇年近い時空が流れキリストを信じて動じなかった農民が何を思い耐え忍んだか、私のような信仰心の薄い人間には理解できるとはいい難いが、たまらない感慨が去来する。遠藤周作記念館がこの地の遠く長崎の市街地を一望できる丘の上に建っている。『沈黙』には「弱い人間」の心が余すことなく記されているが、それを非難できる人間などこの世の中にいるはずはない。

（二〇一九年八月）

■「沈黙―サイレンス―」（2016年／アメリカ／162分／監督　マーティン・スコセッシ）

「長いお別れ」——認知症と絆

予防啓発が功を奏して有病率は減少する認知症

認知症は患者数自体はどんどん増え続けている。単純に「老人」の数が増えていっているからだが、その有病率自体は減っていることがさまざまな研究で明らかになってきている。理由は、認知症の予防に関する啓発活動が功を奏しているからだと考えられている。認知症のリスクファクターの一つは、糖尿病、高血圧である。特にアルツハイマー病はこれらの患者ではその発症率が上がることがさまざまな研究で明らかにされている。したがって適度な運動を心がけ、食生活に留意するとある程度生活習慣病は防ぐことができ、結果としてアルツハイマー病がある程度予防できるとされている。こうした啓発活動が有病率の低下に関係していると、有名なFramingham studyなどの論文にも記載されている。さらに最近わかってきたことだが、脳に溜まったアミロイドの塊である老人斑は、睡眠中に脳の排出経路を通して除去されていることが明らかにされてきたことから、睡眠をよくとることも重要であることが指摘されている。

このような世相を反映してか、認知症を扱った映画は爆発的に、といっていいくらい増えていっている。テーマ自体もストーリーも映像で描きやすいということもあるのかもしれない。認知機能の低下が引き起こす患者自体の症状、深刻さ、それに対する家族模様を詳細に描いたものが多いが、直木賞作家・中島京子の小説を映画化した「長いお別れ」（中野量太監督）のテーマは物忘れでも認知症自体でもない、家族の絆である。家族構成など原作と少し違いはあるが、原作同様そのことを中心に、時として認知症の病態をコミカルに描いている。

　二〇〇七年、長年校長をしていた東昇平（山﨑努）が七〇歳の誕生日を迎えようとしていた。その日のために集まった娘の麻里（長女 竹内結子）と芙美（二女 蒼井優）は、父親の変貌ぶりに驚く。矍鑠としていた父親が、二人の娘の名前を言い間違えたり、ポテトサラダのなかの干しブドウを異物か何かと思ったに違いない、一つひとつ取り出したりしている。芙美に「本を貸すぞ」といって国語辞典を渡したりするではないか。明らかに認知症である。いつからこんな様子なのか姉妹が母の曜子（松原智恵子）に聞いてみると、実は半年ぐらい前からだという。「でも普通の時もあるのよ」と彼女は平然と答える。成人して家を出るとそれぞれの生活が待っている。長女の麻里は夫の仕事の関係でカリフォルニア暮らしだし、料理好きの二女の芙美は、車での移動カレーショップの出店に奔走している。それぞれ日々の生活に追われ、父が認知症だからといっても寄り添うようにケアを手伝うというわけにはいかないのが現実だ。

　昇平はデイサービスへ通うことになる。映画が進むにつれ、彼の病気は認知症のなかでももっとも多いアルツハイマー病であることがわかってくる。彼は多分国語の先生だったのだろう、他の認知症患者が一つも漢字が書けないなかで、難しい漢字でも苦もなく書くし、皆で合唱する時には指揮をしたりもする。古い記憶は保たれているが、近時記憶が著しく抜け落ちている。

そんな生活を繰り返しながら四年が経過し春がやってくる。昇平の病気は確実に進んでいる。相変わらずの本好きは変わらないが、もう内容は理解できないのであろう。本を逆さまにして読んだりしている。葉っぱを栞に挟み、常にアインシュタインの『相対性理論』を読んでいる。彼はまるでもう別世界に行ってしまったようで、黙ったまま読んでいるがページはいつも同じだ。一方で外に出るとわけがわからなくなり、万引きまでして捕まってしまったりもする。この映画は山崎努が昇平を演じているが、どこか憎めない、コミカルな認知症患者を演じていて悲壮感がまるでないところが面白い。芙美は自分で立ち上げた店も失敗に終わったうえ、離婚した男性と付き合っていたが、遂に別れる決心をして傷心の気持ちで家に帰ってくる。父に甘えようとするが、何が何だかわけのわからない昇平は、「まあ、こんな時はゆーとするんだな」という。さすがに拍子抜けして思い詰めた気持ちが「ゆー」として、父の何とも知れない暖かさのなかで絆を感じるのだった。

認知症の人とどう向き合えばいいのかを教えてくれる

昇平の認知症は、さらに進む。ある日突然いなくなった昇平を彼の携帯のＧＰＳ機能で探索したところ、そこは昔よく連れて行ってくれた遊園地だった。「お父さん！」。娘の声に気づき、こちらに向かって手をあげてみせる昇平だったが、その顔には笑顔が浮かんでいた。昇平が帰りたかったのは、子供たちが小さかった頃の、家族四人がいつも一緒でもっとも結束していた頃だったのだと家族は気づくのだった。

献身的に昇平の介護を続けていた母・曜子は何年もの介護の疲労も手伝ってか網膜剥離で手術するため入院を余儀なくされる。その間は、芙美が父の介護をすることになるが、食事を喉につまらせて吐き出したり、便失禁までしてしたりするが昇平はどこ吹く風である。介護一日目でくたくたになった芙美は、改めて決して愚痴をこぼさない母の苦労を思い知ることになる。そんななかで昇平は突然発熱して入院するが、脚の骨も骨折していたことがわかる。

状態が悪いことを知ったカリフォルニアにいる麻里は病室の昇平とパソコンでテレビ電話をすることにする。実は麻里は息子、崇の不登校の問題に苦しんでいたが、彼女自体も英語が苦手で海外の生活に馴染めず苦しんでいた。そんななかで夫は研究ばかりの生活で家庭を顧みず、母子家庭のようになっていた。「お父さん、私どうしたらいい？　東先生なら何かいってよ。崇にも何かいってよ」と迫るが、昇平はもはや何をしゃべることもできない。麻里は、反応のない昇平に一方的に話し、泣き疲れて寝てしまう。そんな日々のなかで昇平の誕生日がやってくる。状態は悪いが、これが最後かもしれないという思いのなかで、家族は病室で誕生日会を開くことにする。東家では子供たちの小さい頃から、何故そうするようになったのかはわからないが、ピエロがかぶる三角帽子を全員かぶることになっていた。昇平にもそれをかぶらせ、久しぶりに家族団らんの一時が戻るのだった。家族というものはどんな状態でも、つながり、絆を作る努力をすることが大事であることをこの映画は教えてくれる。映画のなかではこの絆を作るための小道具がいくつも登場する。コンピュータ、栞、スマートフォン、コンピュータによる電話、本…。

英語で認知症のことを〝long goodby〟（長いお別れ）という。現実の世界にお別れをして久しいという意味からこうした英語が生まれたのかもしれない。この映画では、認知症の悲惨さはあえて訴えず、ではそうした人とどう向き合えばいいのかの手がかりを教えてくれる。日常生活のなかで、健常人でさえ、どうでもいいことは忘れてしまう。人間の記憶とは脆くまた危ういものである。原作の本のなかに書き込まれた妻の言葉のなかに、「ええ、夫は私のことを忘れてしまいましたとも。でそれが何か？」という下りがある。認知症というと未だに恥ずかしいもの、隠すべきものという漠然とした意識がある社会のなかで、この言葉に励まされた認知症患者をもつ読者も多かったのではないだろうか。

認知症患者数はわが国ではやがて七〇〇万人になる。世界ではもうすぐ一億人を超えると予想されている。九五歳以上の日本人の数十パーセントの老人が何らかの認知機能が低下しているとする報告もある。その介護は世界規模で大きな問題となることはいうまでもないが、最後は患者家族の支えに頼らなければならないケースが多い。ある市の小学生作文コンテストの最優秀作品は認知症を患う曾祖母の日常をまとめたものだ。「ひいおばあちゃんは理解ができなくても家族と一緒の空間にいることを何より好んだ」と記載して一等賞を取った。

認知症患者の支えは夫婦の結びつきが強い場合、最後の最後はやはり配偶者である。夫が結婚記念日、妻の名前や住所さえも忘れてしまっても、妻がそばにいないと不安げに探すし、不愉快なことがあれば妻に頼ってくる。夫が夫以外のものになったわけではないことをこの「長いお別れ」の妻は誰よりも感じていたのかもしれない。

（二〇一九年九月）

■「長いお別れ」（2019年／日本／127分／監督 中野量太）

「ｈｅｒ／世界でひとつの彼女」——ＡＩとの恋愛

ヒトの知能を超える「ＡＩ自身の恋」、人との恋を描いた傑作

ＡＩが世の中を席巻しようとしている。今後あらゆる職種にＡＩが「潜入」し、かなりの労働力を奪っていくことはいうまでもない。「安泰な職種」など何一つないかに思われる。医療の分野もかなりの部分がＡＩによって「浸食」されることは火をみるより明らかである。とりわけ放射線診断、臨床検査医学、血液学、病理学などの診断部門はＡＩが主役になるだろうといわれているが果たして本当だろうか。では、脳神経内科や脳外科の神経診察や精神科の診療は大丈夫かというと、決してそうではないだろう。何故ならＡＩはどんどん進化していくからだ。

あと二〇年もするとＡＩは自己学習を続け、ヒトの知能を超えるといわれているが、果たして「ＡＩ自身」が恋をしたり、悩んだり、共感したりし、苦しんでいる人に寄り添い、心のケアまでしてくれるようになるかどうかは大いに議論の分かれるところである。ＡＩとの恋愛を通して、改めて人を愛するとはどういうことかを考えさせてくれる映画に「ｈｅｒ／世界でひとつの彼女」（スパイク・ジョーンズ監督）がある。「世界でひとりの」ではなく「ひとつの」となっているところがこの物語の重要な部分である。この映画は特にストーリーが面白く深いこともあって第八六回アカデミー賞脚本賞を受賞して

いる。

　近未来のロサンゼルスでの話である。セオドア（ホアキン・フェニックス）はハートフルレター社で主に恋文の代筆の仕事をしているが、筆のタッチは実に抒情的で、依頼者の心を掴み、雑誌社から出版の依頼が来るほどの腕前だ。しかし彼は人間的にどこかくすんだところがあり、妻キャサリン（ルーニー・マーラ）とはうまくいっておらず、離婚を突き付けられている。覚悟はできているものの、妻への想いは断ち難く、心の整理はまったくできていない。友人のエイミー（エイミー・アダムス）は彼のことをあれこれ心配してくれているが、混沌とした心の中から脱出できないでいる。彼はそんななかで、サマンサ（声はスカーレット・ヨハンソン）という名前のＡＩの存在を知りコンタクトを取るようになる。

　姿かたちはなく、スマホやコンピュータからささやかれる声だけが頼りだ。「彼女」は、驚くほど知的なうえ、女性的で、ナイーブ、そして何よりセクシーであった。セオドアはどんどん「彼女」に惹かれるようになっていき、イヤホンを通して会話をする時間が、もっとも安らぎ幸せを感じる時間になっていく。

　サマンサは並みの「女」ではない。セオドアの日常の些細な出来事の相談や、とりとめもない会話に付き合い、彼の内面に迫っていく。彼の書く文章を褒め、それによって彼の心もどんどん解き放たれていく。コミュニケーションを取るたびに彼好みの「女性」に進化、成長していく。ついに二人は本当に恋に落ち深夜に声の会話によるいわゆるテレフォン・セックスを通して頂点に達する。肉体関係のない情事だが「二人」は満たされる。

この物語には「三人」の女性が登場する。以前付き合っていた友人のエイミー、別居中の妻キャサリン、そしてＡＩのサマンサである。エイミーとセオドアは恋人関係になったことはあるが、互いに愛する人をみつけ結婚した後、家族ぐるみの付き合いをしていてキャサリンのこともよく知っている。人間の心はわからない。セオドアがキャサリンと別居した後、エイミーは半ば鬱状態になったセオドアを夫婦で慰めていたが、そのエイミーもちょっとした諍いで離婚してしまう。

セオドアは会社で依頼主の女性に代わって男性へ送る恋文を書き続ける。前述のように相手の心を掴む文章は好評だが、それはとりもなおさずセオドアの恋に対する願望そのものであり、離婚を突きつけられているが未だに未練のあるキャサリンへの思いが色濃く反映されたものになっている。いや、妻に書いてほしいラブレターそのものなのかもしれない。

きっとセオドアが愛を押しつけてきたことがキャサリンにとっては重荷だったに違いない。しかしそのことをセオドアは未だに理解できないでいる。

人間の男女関係における「真相」を描いた見事な脚本

サマンサはさすがに近未来のＡＩらしく、セオドアの声、態度、話す内容をいち早く理解し、彼好みの「女」になろうと努力し、どんどん進化していく。サマンサの話す言葉は心地よい。セオドアはちょうどキャサリンに求めたように、時として押しつけがましい愛を投げかけ、当然のようにサマンサからも愛を求めていく。「彼女」はＡＩらしくクリアカットにセオドアの心に入り込んでいく。「どうして奥さんと離婚しないの？」。「彼女」は決断できない男の妻への錯綜した思いや戸惑いが理解できないでいる。「君に愛する人を失う苦しみがわかるか？」。セオドアはこう不快感を露わにするが、ここがＡＩとの愛の限界なのかもしれない。しかし「彼女」はこの言葉にショックを受けはするが、ＡＩなりに消化し、必死で対応しようとする。そして彼のことを愛し続けようとする。「これはリアルな恋なの？ コンピュータにプログラムされたことなの？」と自問自答しながら彼をさらに理解し愛そうとするが、「彼女」にとっては彼の要求に応え愛を成就することのみがミッションであり、そのことにさらに一生懸命になっていく。

一方、セオドアはサマンサとの出会いによって心の整理がつき、やっと離婚を決断し、キャサリンに離婚届にサインした書類を渡す。彼は結局、妻のことは深く愛してはいるが、実態のある人間としての妻と向き合うことは不得意で、彼の頭の中にいる妻を求めていたにすぎないことがこの映画を観ているものに次第にわかってくる。

セオドアはどこまでいっても煮え切らない男だ。離婚以降も彼の心はスッキリせず、依然混乱のなかにいる。そしてその心の混乱が、一生懸命彼と同化したいと進化してきたサマンサを次第に困惑させていく。「二人」の関係は、ついに「彼女」に「では私にどうしろっていうのよ？」といわしめるまでになっていく。

ある日セオドアはサマンサに聞く。「今付き合っているのは俺だけか？ 一体何人と付き合っているんだ？」。「三一二人よ」。たった一人の女性とすらうまく付き合えなかったセオドアに対してＡＩのサマンサはセオドアのまったく知らない多くの男性から自由自在に愛や情報を享受し成長していっている。ＡＩには退行はなく進化しかないのだ。彼女は決して逆戻りせず成長を続けていく。一方セオドアのほうは、心に柔軟性を欠き変わることができず、成長できない。この差がどんどん広がっていくことになる。結局、戻っていく場所は、実態をもって愛していたエイミーということになってしまう。皮肉なことだ。

　セオドアは、どんどん成長するサマンサをコンピュータのなかに閉じ込め続けていくことはできないことを悟るようになっていく。セオドアの頭の中に描く彼好みのサマンサではなく、もっと大きな「彼女」に成長していき、遂に旅立っていく彼女を受け入れなくてはならなくなる日がやってくる。「だから私を行かせて」という言葉を最後に「二人」には別れが訪れる。

　この映画の最後では、セオドアは別れたキャサリンに、「君がどこへ行っても愛している。君は生涯の友だと思っているから」とメールを送る。彼はサマンサとの愛を通してようやく自分の過ちを理解し、心からお詫びの言葉を述べる。

　映画ではセオドアとサマンサが繰り広げた「恋愛模様」を通してＡＩの特徴や限界を描きながら、人間の男女の関係における願望や恐怖という普遍的なテーマを浮き彫りにしていて、素晴らしい脚本となっている。ヒトがＡＩに恋する、あるいは疑似恋愛をする日が本当に来るのであろうか。好きな異性にずっと好きでいてほしいと願うのはごく自然な人間の感情であるが、その思いが遂げられなかった時、ヒトはこの映画のセオドアのようにＡＩを使って満ち足りない心を満たそうとするようになるのであろうか。

われわれの祖先であるホモサピエンスが二〇万年前に誕生し、ヒトは異性を愛し子孫を残す営みを続け今日がある。その部分は決して進化してはいけない、ヒトがヒトであるが故の営みである。そこに心まで進化を続けるＡＩが入り込むことができるとしたら、それは人類の滅亡につながる極めて危険な「進化」というほかない。

（二〇一九年十月）

■「ｈｅｒ／世界でひとつの彼女」（2013年／アメリカ／126分／監督 スパイク・ジョーンズ）

「隣の女」――人は愛と共に死ねるか!?

ヌーヴェルヴァーグの旗手・トリュフォー監督の「傑作」

二〇一八年はマスコミの芸能ニュースが、「ザ・不倫イヤー」といっていいくらい何組もの芸能人の不倫を取り上げ盛り上がった。記者会見で墓穴を掘る説明をしてさらに評価を下げた人もいるが、さすがと思わせる会見もあった。特に落語家は「けむに巻く」という特技をもっている。不倫騒動で窮地に追い込まれたなかで、「不倫と掛けて」と問われた記者団の質問に、とっさに「東京湾を出たばかりの豪華客船と説きます」、「その答えは?」、「まさに航海（後悔）の真っただ中」。思わず座布団三枚！とでもいいたくなるような三遊亭円楽の落語家としての評価を上げた記者会見はさすがだった。

ヒトがヒトを愛する。ヒトの歴史はそれがきっかけとなり、男女が交わり、遺伝子を組み替え別の個体を作るといった仕組みで子孫を残し今日に至る。しかし、いつの頃からか男女の交わりが子孫繁栄と切り離され、愛の象徴、ヒトの欲望の一つとして行使されるようになってきた。動物の世界はステディはなく、多くが「乱交」であるが、ヒトの社会では一夫一婦制がほとんどの民族で半ば「強制」のような形で取り入れられてきた。だからその制度に反する行為は、特に儒教の影響を受けた東アジア文化圏では倫理に反する、不倫という意識が強い。一方英語圏ではこれを〝ａｄｕｌｔａｒｙ〟と呼ぶ。不倫

はadultのすること、それはそれで仕方のないこと、という思いが少しは込められているのかもしれない。

フランスの田舎町である。石油輸送タンカーの模擬船を開発している会社に勤めているベルナール（ジェラール・ドパルデュー）は、年の頃は四〇歳くらいであろうか、妻のアルレットと息子のトマと仲睦まじく暮らしていた。映画「隣の女」（フランソワ・トリュフォー監督）の話である。ある日、家の隣に、その町の空港で管制官をしているフィリップとその妻マチルド（ファニー・アルダン）が引っ越してくる。中年の域に達した夫婦だが、結婚してそれほど経っていないようだ。妻にはどこか影がある。一方で何となくそわそわし始めるベルナール。不穏な空気が漂いはじめる。アルレットは当然の様にこの夫婦を食事に誘うが、その日、ベルナールは残業で遅れると嘘をついて帰って来ない。何か都合の悪いことがあるようだ。実はベルナールとマチルドはかつて恋人同士であったが、八年前に何らかの理由で別れていたのだった。当然結婚も考えたのであろうが、別れた理由は語られていない。二人とも再会とともに焼けぼっくいに火が付き、お互いを意識し、それぞれの伴侶との生活に集中できなくなっていく。

最初はマチルドのほうがモーションをかけてくる。彼女の方からベルナールに電話をかけ、「主人があなたの隣に家を借りたとき、私嬉しかったのよ」という言葉をきっかけに、二人の関係が復活する。ラブホテルの一室を借りてベルナールを誘ったのもマチルドのほうであった。そして何度か逢瀬を繰り返すが、ある日マチルドは突然こう切り出す。「もうこれっきりにしましょう。私、主人と旅に出るの」。「そんな馬鹿な。その気にさせておいて」。激しく抵抗するベルナール。彼のマチルドへの思いが沸騰点に達する。一方マチルドはこの閉塞的な状況を打開するために、ベルナールとの愛に終止符を打って、夫とまだ行っていなかった新婚旅行に出かけようと考える。出発前のパーティーが行われるが、ベルナールはついにマチルダへの感情が抑えられなくなり、公衆の面前で強引にマチルドに迫り、二人の関係はそれぞれの配偶者、友人の知れるところとなってしまう。

マチルドは動揺した精神状態で旅に出るが、そうそう簡単に愛の火は消せない。旅先で彼女が寝言でベルナールの名前を呼んでしまったこともあり、夫との間も破綻寸前となる。彼女は精神的に追い込まれ、ついにヒステリー発作を起こし倒れてしまう。病院に運ばれ、昏睡状態が続きしばらく入院生活を余儀なくされるが、ベルナールの方は妻が妊娠し、これまでの不義を反省し以前の状態を取り戻そうと努力しつつあった。しかしマチルドが入院したことによって再び心は揺れる。「今のマチルドを救うことができるのはあなたでしょう」と妻からも言われ、病棟にも駆けつけ、この愛の結末がますますみえなくなっていく。

話はクライマックスを迎える。マチルドは精神科医のカウンセリングを受け、夫の愛にも守られ精神状態は軽快し退院することになる。彼らは引っ越し、危機的状況は回避されたかにみえた。しかし、ある晩、ベルナールは物音で眠りから覚める。もしやと思い外に出てみると、何とコートを着た物憂げなマチルドの姿があるではないか。二人は抑えられない感情とともに再び愛し合うが、激しい抱擁の最中に、マチルドはバッグに隠していた拳銃に手を伸ばし、二発弾丸を発射する。一つ目はベルナールの頭を、二発目は自分の頭を撃ちぬいてともに息絶える。追い詰められた果てにマチルドが選んだ解決策、それは愛とともに死ぬことであったのだ。

「あなたと一緒では苦しすぎる。でもあなたなしでは生きられない」。一度は手放そうとした愛を最後は引き寄せ、直視し死を選んだ。町の住人が集うテニスコートを運営している、マダム・ジューヴはマチルドとベルナールの激しい恋を見守っていたが、映画は彼女が語るこの言葉で終わる。この映画の本質を見事に物語っている珠玉の言葉である。

相関性を感じさせる「認知症」と「恋愛感情」との関係

トリュフォーは、「大人は判ってくれない」、「アメリカの夜」などで新しい映画の手法、ヌーヴェルヴァーグの旗手という名をほしいままにした鬼才である。五二歳で脳腫瘍のため死亡するまで独特の世界を描いた恋愛映画を中心に二五本の珠玉の作品を世に残した。描いた映画のように、生涯映画関係者、女優と恋に落ち何度か結婚し、そして破局を迎えた。両親の離婚や、そのため非行に走り幾度も感化院に放り込まれるなど、孤独で不遇な少年時代をすごした経験が、映画の作風に影響したに違いない。とりわけこの映画は多分にトリュフォーの私生活が反映されているといわれている。「マチルダが吐いたセリフは全部私があなたとの実生活で言った言葉じゃない！」と、かつてトリュフォーの愛人であったカトリーヌ・ドヌーヴが話したという逸話が残っている。

六〇歳も過ぎると記憶力、体力、精力など、ことごとく低下してくる。ところが唯一向上するものがある。それはボキャブラリーだ。むろん認知症がないことが大前提となるが、語彙が増えるということは、その増えた語彙によって表現できる世界が広がっていくことになる。それが豊かに老けるということに繋がっていけばいいのだが、同時に言葉で説明できない募る想い、妄想の世界も広がっていくことにもなりかねない。これが老いらくの恋に繋がると晩節を汚すことになる。

俳優の奥田瑛二は映画監督としても、俳優としても評価が高いが、色恋沙汰でも名を馳せた。ある対談のなかで、「六〇歳を過ぎて女性に対する生々しい感情は薄れてきたが、妄想が膨らんでいく」と語っている。人はこの様な理由で生体防御反応として生々しい感情を加齢とともに捨てていくのか。その最たるものがアルツハイマー病であるともいえる。

人を愛すると独占欲が高じてくるのは当たり前のことだ。不幸にして独占できないと嫉妬に狂い、感情を抑えられなくなり、遂にベルナールのように実力行使してしまうと、とんでもないやけどを負って人生の破局を迎え、場合によっては命さえ落としかねない、とトリュフォーは自分の経験も踏まえてこの作品のなかで警告を鳴らしたかったのかもしれない。

「秘すれば花」――静かに愛する人を想う。妄想の中で想う。年を取るということはそうした感情を映画を観るように客観的に処理できる落ち着きを獲得することなのかもしれない。不倫は許されることではないが、素敵な異性に心ときめくのが人間であり、そうした感情をまったく失ってしまうと認知症が促進するのかもしれないが、長年連れ添った配偶者にとっては心ときめくことも大罪であるのかも知れない。

（二〇一九年十一月）

■「隣の女」（1981年／フランス／106分／監督　フランソワ・トリュフォー）

「ワイルドライフ」――思春期のこころ

ラットを使った実験では「思春期」を使わない理由

ずっと大学で臨床医をしながら研究生活するという、いわば二刀流の生活を送ってきたなかで、ラット、マウスを使った実験は随分行ってきた。一番気を付けたのはホルモン分泌の影響を避けるため、特殊な場合を除いてオスを用いること、ラットの実験の場合は通常生後七週ほどで「成人」になるので、それ以降の週数のラットを用いることだった。生後五〜六週の言わば「思春期」のラットを用いるとホルモンの分泌や体内の代謝が不安定で、個体差が大きくデータがばらつくことが知られている。この時期のラットは丁度人間の中学・高校に相当すると思われるが、体も急激に大きくなり、代謝やホルモンの分泌が大きく変わる。人間はこの時期は心が不安定な時期となる。環境に左右されやすく非行に走るのもこの時期だ。こうした時期に両親の不和や離婚など予期せぬ「事件」が加わると、心に大きな痛手を負い、その後の人生に様々な影を落とすことは言うまでもない。

北部アメリカ、モンタナ州の田舎町、一九六〇年初秋の話だ。アメリカが最も夢と希望に輝いていた時期といっていい。映画「ワイルドライフ」(ポール・ダノ監督)には、冒頭、その頃、ハリウッド映画によく登場した典型的な古き良きアメリカの家庭が登場する。父ジェリーは仕事の都合でこの静かなた

たずまいの田舎町に家族を連れて越してきた。一人息子のジョーは母ジャネットと共に、この新しい環境に溶け込もうと頑張っていた。彼は両親が好きだった。

ある日、ジェリーは働き始めたゴルフ場の支配人から突然解雇を言い渡される。どうも彼のゴルフレッスンが顧客から不評だったようだ。帰宅後、酒を飲みながら心が荒れる父の姿をみてジョーは不安になるが平静を装っていた。

ジャネットはかつて代用教員をしたことがあるが、今は専業主婦としてジェリーを支えていた。夫の突然の失職を前にして、新しく暮らし始めたこの町で頼れる友達も伝手もなく、将来が不安になる。彼女は「私の名前、レストランのウエイトレスみたいでいや」というが、どこか短絡的なところがある女性の言葉としてこの映画の一つの伏線となっている。

ジェリーは固くなでプライドの高い男だ。ゴルフ場のオーナーは、今回の顛末は実はわがままな顧客の気まぐれであったことが判り、解雇取り消しの電話をかけてくるが、ジェリーはプライドが許さず断ってしまう。ジャネットは「もう一度ゴルフ場に戻ったら」と言っても耳を貸さない夫を尻目に、家計のことを考えて水泳のインストラクターの仕事を始める。ジョーも少しでも両親を助けようと、放課後、街の写真館でアシスタントの仕事を始める。

こんな小さな田舎町では新しい働き口など簡単に見つかるはずもない。ジェリーは結局独特の正義感も手伝って、ジャネットの反対を押し切り、どんどん大きくなる近くの山火事の消防隊員に志願する。アメリカ大陸で起こる山火事は半端ない。広大な火事の現場で消火に当たる仕事は危険なうえ、賃金も安く、何か月も家へは帰れない。仕事のない低所得者位しか志願しない中で、ジェリーは「男らしく」振舞おうと、「雪のちらつくころには戻ってくる」と言い残して山に向かう。この衝動的な行動が結局この家族のターニングポイントとなる。突然母子家庭のようになり、ジャネットもジョーも寂しさと不安を紛らわすようにそれぞれインストラクターとアルバイトに励むがそこには暗雲が漂い始める。

　案の定、ジャネットが情緒不安定になり始める。ある日ジョーが学校から帰ってみると、ミラーという初老の太った男が馴れ馴れしそうにジャネットと話をしている。彼はこの街で会社経営をしている独身の金持ちであったが水泳教室でジャネットの指導を受けて親しくなっていた。それまで地味な服装をしていたジャネットが、急に身だしなみを気にし始め派手になっていく。若い頃の洋服を取り出し、化粧も濃くなっていく。ジョーはこの状況に危機感を持つようになっていく。

子供不在の夫婦の不和に揺れ動く子供の心を描く

　ある日の夕方、学校から帰るとジャネットが、背中が大きく開いたドレスを身に纏っている。今晩ミラー宅のディナーにジョーも一緒に招かれていると言うではないか。彼はもちろん気は進まないが、渋々一緒いくことにする。食事が進み、どんどんワインを飲むジャネット。かなり酔っ払った彼女は、陽気にチャチャチャを踊って見せたりする。今までに見たことのない母の姿にジョーの気持ちは居たたまれなくなっていく。帰り際、母が隠れてミラーとディープキスをしている様子を見てしまったジョーは、強引に母を連れ戻すが、その夜の光景は彼にとって大きな心の傷になったに違いない。

　そしてある夜中、ジョーが物音と共に目を覚ますと、母の寝室でミラーの姿を目撃してしまう。後で調べると、寝室には脱ぎ捨てた母の下着や空のコンドームの袋まであるではないか。ジョーの心は混乱し荒んでいくが、淡々と学校だけは通い続ける姿がいたたましい。

　時は流れ、雪が降り始めた頃、約束通りジェリーが「山火事がやっと鎮火した」と言って戻って来る。ジャネットは、数か月振りに帰った夫にハグもキスもせず、「申し訳ないけどアパートを街に借りたからこの家を出て行くわ」と宣言する。やっと愛する妻のもとに安らぎを求めて帰ってきたジェリーは、何が起こったのか理解できず驚くが、そこは男の第六感が働く。「それは男が出来たということか」。ジャネットは最初は躊躇したものの、あっさりミラーと関係を持ってしまったことを打ち明ける。怒り狂ったジェリーは家を飛び出しミラーの家に向かい、途中で買ったガソリンを蒔き玄関に火を放つ。この家庭はついに崩壊してしまうのか。

　狭い小さな町である。情事が表沙汰になると噂の餌食になり、ジェリーのみならずミラーまでとばっちりを受け、社会的に困ったことになってしまう。幸いボヤのうちに消火され、大事には至らなかったこの事件は、ミラー側の申し出により示談となり起訴されなかった。

　その後この家族はどうなってしまったのか。二〜三年の月日が流れ、幸いジェリーは職に就きジョーは父と二人で生活している。ジャネットはオレゴン州に移り、教師として働き始めているらしい。ある週末、二人の元にジャネットが久しぶりに帰ってくる。何があってもジョーにとっては父と母である。

家族三人で食事をするが、ジョーはそのあと両親をある場所へ連れて行く。それは今でもアルバイトをしている写真館であった。ジョーは両親を自分を挟んで両隣に座らせる。彼は自身がシャッターを切り、家族の写真を自分の手で収めるのだった。三人の顔には笑顔はない。当然のようにそれぞれわだかまりがあり、会話にぎこちなさがあるものの、三人とも一瞬何もなかったかのような顔でカメラに収まる。実に美しく切ない場面である。

　子供不在の夫婦の不和を描いた何ともやりきれない映画である。融通の利かない我が儘な父、不安に耐え切れず女としての本性をさらけ出してしまっただらしのない母。父母との関係、そして夫婦の関係はもう元に戻ることはない、と解っていてもジョーの心の中には楽しかった家族の想い出がある。彼は変わってしまった家族の形態に戸惑いながらも、なんとか大人へと成長していくことであろう。観ているものはこんな状況の中でもジョーのまっすぐ正面を見据えた記念写真の視線に辛うじて彼の将来への可能性を感じながら終わりを迎える。

　思春期といえば、どうしてあんな恥ずかしいことをしたのかとか、どうしてあんなことを考えていたのかと赤面するような未熟な自分が思い出され、恥ずかしくなることがある。両親との関係においても、ジェネレーションギャップを絶えず感じながら、衝突することも少なくなく、敬遠していた自分を思い出す。ジョーの場合は心が揺れながらも、惨憺たる両親の状況の中でも冷静さを保ち生き抜き通していて、その姿には心打たれる。きっとこうなる前は、両親にしっかり愛されており、その日々の想い出が支えになっていたのかもしれない。

（二〇一九年十二月）

■「ワイルドライフ」(2018年／アメリカ／105分／監督　ポール・ダノ)

「今日も嫌がらせ弁当」——母娘の絆

シングルマザーの母親と反抗期の娘が「キャラ弁」を通じて交流する物語

持丸かおり（篠原涼子）は八丈島で暮らしているシングルマザーである。一二年前のある日、夕食の支度をしていて塩が切れていることに気づき、夫に「買いに行って」と頼んだところ、その途中、信号無視の車と衝突し、帰らぬ人となっていた。後悔は先に立たないが、「あの時に買い物を頼まなければ…」という思い、悔しさを埋めるべく、かおりはその後、死に物狂いで働き、子育てをした。映画「今日も嫌がらせ弁当」（塚本連平監督）の話だ。当時小学校低学年であった長女、若葉（松井玲奈）と幼稚園児の次女、双葉（芳根京子）を女手一つで育ててきた。早朝から深夜まで仕事を掛け持ちしながら働き詰めの生活だったため、睡眠時間も少なく、娘たちと話をする時間もほとんどないため、夕方二つ目の仕事に出るときは必ずメッセージを書いて出て行っていた。

母の苦労を理解できた若葉は順調に成長し、高校卒業後、家を出て自活するようになったが、双葉はそうはいかなかった。気が付いてみるとほとんどまともな会話は成り立たず、何か気に食わないことがあると、「うざい」としか言わない反抗期の手に負えない娘になっていた。寝言はしゃべるのに、必要なことはLINEでしか言わない状況の中で、困り果てたかおりは、ふとしたことから、キャラ弁を作り、糸口を見つけようと思い立つ。これを双葉は、ダサいと嫌がったが。

「双葉が母ちゃんに嫌な態度をとるなら、母ちゃんもあんたが嫌がることをします！」と宣戦布告し、高校入学初日から、それまで以上に睡眠時間を削って深夜に作り始めたキャラ弁第一号は「狼と赤頭巾ちゃん」のアレンジ版であった。昼食時に開けてびっくり、周囲の同級生たちに見つかり恥ずかしさのあまり萎縮する双葉であったが、それはおよそ三年間休まず続くキャラ弁の始まりであった。母の「攻撃」は雨の日も風の日も続いた。双葉はというと、文句を言いながらも完食し、これに対抗し続けた。

かおりが嫌がらせ弁当の記録を残そうとブログを始めた頃、東京で幼稚園に通う息子・健太郎を育てるシングルファーザーの信介（佐藤隆太）が息子との関係を構築していくことに四苦八苦していた。妻を病気で亡くし、仕事と育児に追い立てられる中、ママを思い出しては夜泣きする息子への対応に途方に暮れていたのだ。特に幼稚園に通う息子に持たせる弁当は悩みの種だった。同級生の子供たちのキャラ弁を羨ましがる息子を後目に、父として自分も息子が喜ぶ弁当を作ってやりたい、と思い悩み、インターネットを漁っていたところ、運よくかおりのブログが目に飛び込んでくる。それからかおりへメールを書くようになり、指導を受けながら、見よう見まねでキャラ弁を作り始める。

一方かおりのほうは、日々のキャラ弁のネタが尽きかけていたが、若葉の助言もあり、毎日伝えたいことを海苔を切り抜いて文字にし、メッセージを書くことを思いつく。東京の伸介もブログに乗るかおりの弁当を見ながら追走していく。毎日食事をしては食べっぱなしで食器を片付けようとしない双葉に「皿は片づけろや」と弁当に書いてみたところ、それを同級生に見られた上、先生にも知られ、果ては通りすがりのおばあちゃんにも「双葉ちゃん、お皿は片づけにゃ」と言われるほどに広まったりして、かおりのキャラ弁はボディーブローのように双葉の日常生活に効いてくる。双葉はぶつぶつ文句を言いながらも、食べ終わった食器をシンクに下げるようになったし、少しずつこのキャラ弁と母の「言葉」を受け入れるようになってきたかに見えた。

ところが、双葉は幼馴染の達雄のことが好きで自分も東京に行きたいと願い、受けた就職試験に失敗する。さらに達雄に彼女がいることも解った日、ついに双葉は自暴自棄になりかおりの弁当を床に投げ捨て、かおりと取っ組み合いになった拍子に、自分の部屋のドアを壊して家を飛び出していってしまう。若葉のところで一晩過ごした双葉は、そこで母が作る料理に何故オムライスが多かったのかを聞くことになる。若葉は言う。「かあちゃんはね、月末になるとよく作っていたでしょ？ それはお金が無くなってくるからなのよ」。残り物を混ぜ込んで適当に作ってもちゃんとした食事になるオムライスは、持丸家にとって貧乏を包み隠す大事な料理だったというではないか。しんみりした気持ちと共に帰宅した双葉は自分の部屋の有様を見て仰天する。自分が壊したドアが見当たらないのだ。

壊れて外れたドアを、かおりは何と焼いてしまったというではないか。それもただ燃やすのではもったいないから、ついでにイモを焼いたとあっけらかんという母。朝食はその焼き芋だけだったが、「この母親にはどんなに抵抗しても敵わない」。双葉はきっとそう思ったに違いない。

その後双葉は、最後の頼みの綱で受けた東京の食品会社に無事就職の内定をもらい、これでやっと親子戦争が終結すると思われた時、今度はかおりの右手は次第に動かなくなり、夕立が降ったある日、雨の中で、ついに彼女は倒れてしまう。

病院に運ばれ下された診断名、それは脳梗塞であった。幸いにも初期の病態であったこともあり、少しずつ病状は回復し、かおりは卒業を迎える双葉のために最後の弁当を作って持たせたい、と考えるようになる。そしてその日がやってくる。入院中ではあったが若葉の手助けによって材料を調達し、病院を抜け出して夜中から懸命に弁当作りを始める。上手く動かない右手に、左手を添えて包丁を使い、丁寧に作ったその弁当は普通の倍ほどもある重箱二段にぎっしりと詰められたものであった。

卒業式の朝、「謎の人物からのお祝い」として風呂敷で包まれた弁当を若葉から手渡された双葉は、式が済み最後のランチタイムの教室で広げたその弁当に驚く。それはスライスチーズを敷き詰めた上に海苔で文字が書かれた表彰状であった。


表彰状／娘殿／あなたは／嫌がらせ弁当を／残さず三年間／食べ続けました。／その忍耐を称え／ここに表彰します。　母

賞状の定番の鳳凰や唐草模様の縁取りまで緻密に再現されたその弁当は一文字ずつデザインカッターで切り抜かれた素晴らしい出来映えのものであった。

二一世紀になり飛躍的に進歩する脳梗塞の治療

　かおりの患った病気は一過性脳虚血発作（ＴＩＡ）を繰り返した結果起こった脳梗塞である。ＴＩＡは二四時間以内に症状が消えるため、ほっとして放置してしまうことが多いが、それが命取りになる。脳梗塞には警告症状として様々なものがある。片側の手足や顔のまひ・しびれ、ろれつが回らない、言葉が出ない、片方の目が見えにくい（一過性黒内障）といった症状が一過性に起こる。かおりは何度も手の感覚障害や脱力を気にしているところを見ると、まさにＴＩＡか脳梗塞がすでに起こっていた可能性が高い。彼女は睡眠時間を惜しみ休みなく働き、脱水になったり、生活習慣病に気づかなかった可能性がある。この様な症状は放置していると三か月以内に一〇～一五％で脳梗塞が起こることが知られている。

　脳梗塞の病態として比較的稀だが視床性手口感覚症候群という疾患がある。片側の手と同側の口の自覚的なしびれを主体とした症状が現れる脳梗塞の一型である。視床の後腹側核を支配する血管が詰まると、この核につながる手と口を支配している感覚経路が隣接していることから同時に症状が起こる比較的稀な病態だが、知っておくと便利である。脳梗塞は生活習慣病の啓発や治療薬の開発に加え、抗血栓薬である程度予防できるようになったし、万が一血管が詰まっても、早期であればｔ‐ＰＡを投与し血栓を溶かすことができるようになった。更にカテーテルを用いて詰まった血栓をつまみ出す、血管内治療を行う時代が到来した。この治療法は、時として出血性梗塞を起こし、病態が悪化したり、死亡する場合も少なくなかったので当初は一部の脳外科医のみが行う特殊な治療法とする受け止め方もあった。しかし、より良いカテーテルの開発が行われてきたことに加えて、その有効性が確認された今日、放射線科医、脳神経内科医も積極的に専門医の資格を取るようになり技術も進歩し、ポピュラーな治療法になりつつある。二一世紀になり神経疾患の治療も飛躍的に進歩している。隔世の感がある。

（二〇二〇年一月）

■「今日も嫌がらせ弁当」（2019年／日本／106分／監督　塚本連平）

「存在のない子供たち」―― 子供たちの基本的人権

自分を産んだ罪で両親を訴える少年の「怒り」

基本的人権とは、言うまでもなく人間が人間らしく生きていくために必要な基本的な自由と権利を言う。人間の尊厳、法の下の平等、生命の安全、自由の保障、…現在の日本においては特殊な事例を除いて、ほぼ子供から老人に至るまで保証されていると言っていい。それは平和ボケした多くの日本国民が、人間なら水や空気のように当たり前に享受できるのもだと信じているが、もしかしたら世界を見渡すと、むしろそうした世界に暮らしている人々より、基本的人権を獲得できない環境で暮らしている人々のほうが圧倒的に多いのかもしれない。そんな思いを強く抱くのが映画「存在のない子供たち」（ナディーン・ラバキー監督）である。

レバノンのある町の貧民街で両親、兄弟と暮らしていたゼインは、一家の生活苦のため、とても清潔とは言えそうもない自家製のジュースを路上で売ったり、壊れそうなぼろアパートのオーナー、アザートが営む雑貨店を手伝ったりしながら、重要な労働力となって働いていた。学校など行けるはずもない。彼は一二歳らしい。「らしい」というのは両親が出生届を出していないし、子だくさんの中で正確な生年月日なんか覚えていないし、覚える必要もない環境に暮らしている。何人もいる兄弟のなかで一歳年下の妹サハルだけがゼインの心の拠り所で、いつも一緒に行動していた。

ところが両親は、強引にも幼いサハルをアザートと結婚させるというではないか。まだ一一歳の少女であり、誰よりも大切な妹だ。そんなことをさせてなるものかとゼインは彼女を連れて逃げようとするが、間一髪、父親は嫌がるサハルを無理矢理バイクに乗せて連れ去ってしまう。絶望の淵に立ったゼインは、こんな理不尽な両親とはもうこれ以上暮らせないと考え、家を捨てる覚悟をする。

彼は僅かばかりの有り金をはたいてバスに乗り、ベイルートの繁華街にたどり着く。生活苦の人々が一縷の希望を求めて集まってきた町の中で、誰一人浮浪児のゼインのことなど相手にはしてくれないが、そこでレストランで働くラヒル（エチオピアからの密入国者）に巡り合う。執拗に付きまとうゼインに根負けしたラヒルは、とりあえず彼を彼女の家に連れて帰ることにする。そこには生まれたばかりの赤ん坊ヨナスがいた。子供を抱えながら何とかやりくりしていたラヒルは、ゼインにヨナスの子守をしてくれるのなら家においてやるという条件を持ち出す。

実はラヒルは、偽造滞在許可証の有効期限が迫っていた。滞在を延ばすためには偽造業者のアスプロに頼むしか手立てはないが、高い手間賃を吹っ掛けられて困り果てる。「その子を渡せば只にしてやる」と言われるものの、そんなことができるはずもない。結局自分の髪を売ってなんとかお金を工面し、偽造許可書を受け取る算段ができたが、不幸にも不法就労の疑いで警察当局に拘束されてしまう。

何日待っても帰ってこないラヒル。ヨナスを抱えて途方に暮れるゼインであったが、しびれを切らせて仕方なく行動を起こすことにする。まずヨナスのミルクを買うことが先決だ。自分一人の食事を工面するのもままならない中で、何度も嘘をつきながら小金を稼ぎ、ヨナスのミルクと自分の食事を工面し、何とか二人で生き延びようとする。しかし状況は日に日に悪くなる一方だ。ついに万策尽きたところ、シリア人難民の女の子に巡り合い、彼女の勧めでスウェーデンに亡命することを決意する。仕方なくアスプロに赤ん坊を売り渡し、その金でヨーロッパに出国しようと決意する。ところが…彼には身分証明証がないため、出国証明証が発行できないことに愕然とする。

　生年月日も知らないゼインは、必要な書類、情報を得ようと一旦家に帰ることにする。しかし、そこでゼインは腹に据えかねるような事実を突きつけられることになる。両親は、ゼインの出生時、届け出を出しておらず、出生日もわからないし証明証も何もないと薄笑いを浮かべながらゼインに答えるではないか。さらに衝撃的な事実を知ることになる。大好きな妹サハルが妊娠中に大出血を起こし帰らぬ人になったというのである。平然とそう話す両親の姿に激怒したゼインは、ナイフをもってアザードの家に行き、彼の腹部を思いっきり刺す。幸いアザードは命を取り留め、結局ゼインは取り押さえられ、は禁固五年の刑を言い渡され収監されることになる。

　少年鑑別所で悶々と日々を送っていたゼインは、そこで流れていた犯罪や社会問題を取り上げるテレビ番組「自由の風」を偶然目にする。その番組はライブで視聴者たちの電話を受け付けていた。そこでゼインは果敢に行動を起こす。鑑別所から番組に電話を掛けたのだ。「大人たちに聞いてほしい！　世話をできない子供を産み、子供たちが苦しんでいる」。この電話は大反響を呼び、弁護士の支援も受けることになり、ゼインは両親を訴えることになり、法廷が開かれる日がやってくる。裁判長から、「罪状は何ですか」と問われたゼインは、円らな瞳を見開き、堂々とこう答える。「僕を産んだ罪で、両親を訴えたい」。

確かに両親の主張もわかる。昔、「貧乏人の子だくさん」という言葉があったが、子供を作れば作るほど生活が苦しくなるのは解っていながら、趣味も娯楽もない低所得者は子供を作る。中東やアフリカにあっては、そうした子供たちが労働力となって一家を支えている。裁判の合間、母がゼインにこう言葉をかけるシーンがある。「ねえ、ゼイン。また赤ちゃんを授かったんだよ。女の子が生まれたらサハルという名前にするよ」。ゼインの心は凍てつくばかりであった。

ゼインの行動は窮地に陥っていたラヒルを救うことにもなる。偽造滞在許可証請負人が、人身売買をしていることも公になり、ラヒルの赤ちゃんは運よく彼女のもとに返されることになる。映画の最後では、それまで決して笑うことがなかったゼインが、自分の身分証が作られた瞬間、初めて少し笑う。この映画で最も象徴的な場面である。

「存在のない」少年が訴える中東の難民の現実

この映画は、レバノン人の女流映画監督、ナディーン・ラバキーが三年をかけて作り上げた。彼女はレバノンが内戦の真っただ中だった一九七四年、ベイルートで生まれ育ったため、この地域の事情に誰よりも詳しい。現在のレバノンをはじめとする中東の置かれた真実を伝えるため、映画の登場人物は二

〜三人のプロの俳優を除き、ほとんどが路上で実生活を営んでいる素人のレバノン人を抜擢している。だから彼らは自分の境遇そのものを映画の中で演じており、その言葉、しぐさには説得力がある。時として映画であることを忘れ、まるでドキュメンタリーを見ているような気分になる。

　子供は、生まれてくる時代も、場所も、親兄弟も選べない。だから法律が整備されていない発展途上国においては、不当な生活環境も、基本的人権を主張する手段も持ちえない。ゼインの場合は、いくつかの偶然と幸運が重なり、基本的人権を獲得するスタートラインに立つことができた。セインを演じた「俳優」は、実際の名前もゼイン・アル＝ラフィーアであるが、困難の中でもいつもギラギラした瞳をしていて、どこか悲しい表情が漂い、見るものに彼の心模様が突き刺さってくる。

　ベトナム戦争が行われていた頃、ベトナムで「坊や大きくならないで」という唄が流行り日本のフォークシンガーが日本にも広めた。かわいい我が子が大きくなると戦争に取られて命を失ってしまう。だからお願い、坊や大きくならないで、と唄った母の心に胸が締め付けられる思いがした。中東では差し当たってシリアなどがそうした状況なのかもしれないが、レバノンでは、子供が半ば奴隷のように働かされている。沢山子供を作ってしまうと食えなくなる。だから子供を小さい頃から働かせざるを得なくなる。これがレバノンの現実の姿だとラバキー監督は訴えている。

　二一世紀の世界はますます混迷を深めているかに思える。これを救うのは世界の指導者の協調しかないが、それを選ぶのはほかならぬ我々である。

（二〇二〇年二月）

■「存在のない子供たち」（2018年／レバノン＝フランス／125分／監督 ナディーン・ラバキー）

「ソイレント・グリーン」――食糧不足の行き着くところ

食料問題の解決のために「人肉」に頼る未来社会

福島原発の問題が勃発したのち、ずっと環境汚染、破壊の問題が取りざたされてきた。「ソイレント・グリーン」（リチャード・フライシャー監督）は一九七三年に作られた近未来の地球の食糧問題を扱ったハリウッドの映画である。当時は環境問題というより人口爆発による食糧問題が招来の課題としてクローズアップされていて、二一世紀になると、かなり早い時期に世界レベルで食糧危機が深刻化するであろうと考えられていた。四〇年近くたった現在、訴えようとする内容は十分すぎるくらい迫りくるものがある。この映画はSF小説『人間がいっぱい』をベースに人口爆発と環境破壊のため、食糧が枯渇し、併せて貧富の差も拍車がかかり、殺伐とした社会となり殺人が横行する社会を描いている。

二〇二二年のアメリカの話である。人口増加が止まるところを知らず、食糧の増産もおぼつかず、多くの人々は衣食住に事欠き、少数の特権階級と多くの低所得者階級に二極化していた。食材は宝石以上に高価で、飢え死にするものも多かったが、生き残った低所得者は、ソイレント社が作る合成食品（ソイレント・グリーン）を配給されていた。この食品は海底のプランクトンから栄養分を抽出し作ったものとされていた。そんな中、ソイレント社の重役が何者かによって殺される。凶悪事件を担当するソーン刑事（チャールトン・ヘストン）は、警察職員だった年老いたソルと何故か同居しているが、彼の知識と経験を借りながらこの事件の犯人を捜そうとする。ソーン警部は生活に疲れ果て、取り調べの際中に現場にある食べ物を持ち帰らなければ生きていけないくらい生活が逼迫していた。まずは生きることに必死であったが、職業柄この事件は何か不気味なものを感じ、捜査にのめりこんでいく。しかし何故か調べようとすればするほど様々な妨害を受けて殺されそうになる。

ソルは、日々の食べ物にも事欠く中で、かなり体が弱っていっていたが、この事件を調べているうちにソイレント・グリーンが死者の人肉から作られていることを突き止める。その頃年老いた人間は自分の意志で安楽死を選べるようになっていたが、ソルはついに日々の生活に絶望して「ホーム」と呼ばれる公共の安楽死施設で死んでいく。そこではベートーベンの「田園」を聞きながら自然あふれる環境の映像を見ながら静かな心で死ぬことが出来るようになっていた。現実の生活に心も体も疲れ切った人々には死が最も心休まる「ホーム」なのかもしれない。ソルの選択を知り、慌てて「ホーム」に向かったソーンは、ソルの死体がトラックでソイレント社の工場に運び込まれ、死体からソイレント・グリーンが作られていることを知り、愕然とする。依然、暗殺者に狙われ続け、深手を負ったソーンは、病院に搬送されながら、「人間の体がソイレント・グリーンの原料だ。今に食糧生産のために人間を飼うようになる」と絶叫する。

世界レベルで食糧危機が来たとき、一体どのような社会が到来し、どのようなヒエラルキーが構築されるのかを考えると、空恐ろしくなるような衝撃的映画である。われわれ現代社会に生きるものは道徳というよりは、絶対的な「公理」として、「ヒトがヒトを食べる」という選択肢はあり得ないことになっている。しかし、食糧の補給源として、現代社会でも、ヒトを食べるしか選択肢がない状態では、ヒトを食べた「事件」がある。一九七二年に起こったウルグアイ空軍機５７１便遭難事故である。

「食人」が許される遭難事件、「食人」の習慣によるプリオン病

一九七二年十月、ウルグアイ空軍機がアンデス山頂付近に墜落した。この飛行機には、オールド・クリスチャンズと呼ばれるラグビーチームのメンバーや、空軍パイロットなど計四五人が乗っていたが、飛行機は主翼を失い、雪深い山麓に墜落した折、まず一三人が死亡した。雪の中で食料も水もなく、生き残った者も負傷しており、絶体絶命の状態であった。何日かのうちに、続いて重傷者が何名か死亡する。一方軽傷だった者たちは寒さと飢えとの戦いが始まる。彼らは機体の胴体部の中で身を寄せ合い、残骸の中から見つけた少量のチョコレートを分け合い飢えをしのいだが、それにも限界があった。墜落した日から九日が過ぎる。生存者たちの栄養失調は極限の状態にあったため、生存者の中の医学生が「生きるために、ここに眠っている死体を食べて栄養分を補わなければ死んでしまう。早く決断しなければ」と主張し始めた。多くの生き残った人々は、当初、この意見に激しいアレルギーを持ったが、ある敬虔なクリスチャンは、「われわれは自ら死を選んではならない。どんなことをしても生き延びなければならない義務がある」とキリスト教の観点からも主張した。最終的にはこの意見を受け入れることが出来

たものだけが生き残ることができ、決断できなかったものと生死を分けた。生死のかかったこの局面で彼らが決断に至るまでに乗り越えなければならない大変な壁があったものと考えられるが、クリスチャンの多くはこの提案を受け入れ、最終的には生存することが出来た。

　飛行機が墜落して七二日目、やっと生存者一六名が救出される。記者会見が行われた折、生存者たちは、正直に死者の肉を食べ繋いで生き延びたことを告白した。これを聞いた高名な大司教は、「道徳的には問題ない。生死がかかっていたのだから、彼らは手に入るものは何でも食べなければならなかった。自ら死を選んではいけない」と語ったという。この一六人の生存者の行為は今日まで、概ね肯定的に受け止められているが、乗組員の多くが敬虔なカトリック信者であったことが大きいとされている。

　漢方の世界では、古くから人体を薬として使ってきた歴史がある。胎盤を薬にして火であぶって乾燥させ粉末にしたものは、紫河車（しかしゃ）と呼ばれ、強壮剤に使われてきた。さらに宗教的色彩の強い食人の習慣としてはニューギニア島のある部族では、人身供養の意味合いから、死者の脳を食べる習慣があったが、脳に含まれていたヒトからヒトに伝搬力のあるプリオン蛋白も同時に食べることになり、それを食した原住民の多くが代々プリオン病を発症していた。プリオン病にはSengstaken-Streusler-Scheiker病などの遺伝性のものや非遺伝性のクロイツフェルトーヤコブ病など様々なタイプのものがあり、その臨床像も多彩であるが、一般的には、平衡機能障害、四肢の麻痺、認知症が起こり、さらに進行すると意識障害を来し死亡する。この部族が、こうした病気をどう受け止めてこのような風習を続けていたのかは不明であるが、この部族に起こったプリオン病はその部族の名前を取り、クルー病と呼ばれている。現在はこうした習慣はなくなっているが、代わりに牛のプリオン病にかかった肉を食べたり、プリオン病患者の硬膜を脳外科手術の折に移植するとプリオン病に感染する。

いつの頃からか、人の社会は「金がすべて」のような殺伐としたものとなり、株のみならず、石油や大豆や小麦まで投機の対象となり、一部の国ではそれが原因で、食糧が高騰し、パンを争って手に入れるような食糧危機が起こっている忌まわしい現実がある。今はまだ「金さえあれば」と笑っている輩も少なくないのかもしれないが、この映画は、その「頼みの金」さえもほんの一部の大富豪にしか役に立たず、多くの市民は飢えに苦しみ、絶望的な状況におかれ、生きる意欲すら持てない状況に追い込まれていることを映し出している。こうした状況はこの映画が作られた四〇年前は夢物語であり、笑い話で片づけられたのかもしれないが、今の社会に生きる我々が見ると、不気味な感じがする映画である。いつの日か、しっかりした社会の枠組みができ、笑い話と共に忘れ去られる映画となって欲しいものだと心から願っている。

（新規稿）

■「ソイレント・グリーン」（1973年／アメリカ／97分／監督　リチャード・フライシャー）

CINEMA
TICKET
DRINK

「きっと、星のせいじゃない。」――甲状腺がん、骨肉腫

お互いに「不治の病」を抱えた少女と少年の物語

ヘイゼル・グレイス・ランカスター（シャイリーン・ウッドリー）は一七歳のボーイッシュな女の子である。不幸なことに甲状腺がんに罹患しているうえ、肺に転移しているというから、若い女性ということも考えると、がんのタイプは髄様がんではないかと思われる。このタイプは二〇％くらいの頻度で遺伝する（常染色体優性遺伝）が、家族に同様の患者はいないようだ。彼女の肺機能は頻繁に肺水腫になるくらい悪いので、いつもポータブル酸素ボンベをしている。それでも、彼女の表情には悲壮感も無力感も感じ取れない。生き生きとまでは言えないが、それなりに日々生活している。両親はヘイゼルの命の短さを十分理解していて、最愛の娘に短くても充実した人生を送らせてやりたいと心から願っている様子が伝わってくる。彼女は闘病のため、久しい以前から学校には通っていないので友達と交わる機会がない。そこで度重なる親の勧めもあり、不承不承がん支援団体が主催する若いがん患者が集うデイ・ケアに通い始める。映画「きっと、星のせいじゃない。」（ジョシュ・ブーン監督）の始まりである。

初めて出席した日、彼女は骨肉腫で闘病していた一八歳のオーガスタス・ウォーターズ（ガス）（アンセル・エルゴート）と出会う。彼は高校時代、いくつもの大会で優勝経験がある花形のバスケット選手

であったようだが、命と引き換えに片足を失った。彼にデイ・ケアを勧めたのは網膜芽腫で闘病中の親友、アイザックであった。その日のグループ・ディスカッションでは「何が不安か」というテーマを自由形式で討論することになったが、ガスは即座に「忘れられること」と答える。がんで死ぬことより、死後自分が生きた証が無くなってしまうことが怖いというのだ。この言葉に即座に反応したヘイゼルは、「人は皆いつか死ぬもの。クレオパトラもモハメド・アリもモーツアルトもいずれ忘れられる。そんなに不安なら、人を無視して暮らすのが一番よ」と嘯く。

　こんな突っ張ったヘイゼルに逆に魅力を感じたガスは、これをきっかけに話すようになり自分の家に招く。二人は急速に親しくなり、お互いのお勧めの本を読みあうことにする。彼女はガスにがんで苦しむ少女が主人公の、ピーター・ヴァン・ホーテン（ウィレム・デフォー）が書いた『大いなる痛み』を薦めるが、その理由は主人公とヘイゼルの状況にどこか共通点があったことに加え、余りにも唐突な終わり方をしているこの小説に共感を得たかったことにあるようだ。常々ヘイゼルはこの本の出版後、アムステルダムに引きこもり、沈黙を守っている著者に会い、小説に描かれた彼女はその後どうなったのかを尋ねたいと願っていた。

　彼女の気持ちを何とかしてやりたいと考えたガスは、件の作家に何度もメールを書き、アシスタントと親しくなり、アムステルダムで小説の話をしてもよいというところまで話を煮詰めることに成功する。アメリカからアムステルダムまでは飛行機で十数時間かかる。ヘイゼルの肺は油断するとすぐ呼吸不全の状態となり命さえ危うくなる。それに加え長い闘病生活もあり、家には外国旅行できるほどお金の余裕もない。一旦は諦めた旅行であったが、ガスが何とかチャリティー団体の支援を取り付け、もしものためにガスに加えて母親もついていく形でアムステルダムに行くことになる。

大過なく現地入りした後、果たして二人はこの作家と面会を果たす。しかし彼は想像したような思慮深い作家ではなく、もはや会話すらかみ合わない重度のアルコール中毒患者となっていることがわかる。彼は自分の小説をフィクションに過ぎないと嘲笑った上、ヘイゼルの病状を気遣うどころか馬鹿にするような暴言を吐いたりした。実は二人の面会にゴーサインを出したのは、アルコール中毒で執筆活動さえままならない状態のこの作家を何とか立ち直らせたいと願っていた秘書の仕業であった。

憤慨して部屋を出ていく二人に秘書は責任を感じ、アムステルダムの観光名所の一つになっているアンネ・フランクの隠れ家に連れていく。アンネとは言うまでもなくナチス・ドイツのユダヤ人弾圧でベルゲン・ベルゼン強制収容所に収容され、そこでチフスにかかり一五歳の若さで命を落とした少女である。その半生はまさに二人の人生にダブる。実際に潜んでいた屋根裏部屋でアンネゆかりの身の回りの品を回覧しながら、まだまだ生きていたかっただろうアンネの気持ちが伝わってきた二人はそこで心から抱き合い、抱擁し、お互いの生の有難さを確認しあう。親密な関係は望んでいなかった二人ではあったが、その夜ついに結ばれる。二人が出会って以来初めてお互いの命の短さ、愛おしさ、はかなさを実感した瞬間である。翌朝、アムステルダムを立つ朝、ガスは思い切ってヘイゼルに衝撃の報告をする。この旅にでる直前、骨肉腫が再発したことがわかったというのだ。

いよいよ映画はクライマックスを迎える。アメリカに帰った後、実際、ガスの病状はどんどん悪化していく。ついに余命幾ばくもないと悟ったガスは、こちらも病気が進行し盲目となってしまった親友アイザックとヘイゼルを招き、教会で生前葬をする。それからわずか八日後、ガスは旅立つ。

映画の元となった原作のタイトルは「The Fault in Our Stars」となっているが、小説の邦題では『さよならを待つふたりのために』で、映画の邦題は「きっと、星のせいじゃない。」である。物語の内容からしても、題としての輝きという点からしても英語の原題に軍配が上がる。

「たとえ余命短くとも最後まで生を全うする」ということ

この映画は、不治の病にかかった主人公二人がじめじめしない点が大いに好感が持てる。自己憐憫の情をほとんど表に出さず、むしろ明るい会話を楽しんでいるように見える。また予想外のストーリーの展開も意外性があり見ているものを飽きさせない。余命幾ばくもないヒロインを残し、がんを克服し、ずっと彼女のよりどころであったはずの恋人が、病気が進行しており瞬く間に逝ってしまう流れの中で、余計な説明や感情移入を挟まず淡々とストーリーを展開するところも評価できる。この映画の前半は何となく冗長に流れるが、後半はこうした気配りで俄然、画面に心が引き付けられていく。病気をする前のヘイゼルはきっと快活な少女であったと思われるが、思いもかけずがんに罹患し、闘病生活を続けることを余儀なくされ、一度は絶望したヒロインが見つけだした心のよりどころが、彗星のように去っていく。その現実を正面から受け止め、最期まで生を全うしなければならないのは、この世に生を受けたものの義務であることを教えてくれる。それは時として辛い営みとなる。だから人は泣きながら生まれてきて泣きながら死んでいくものなのかもしれない。

一体人は、始まったばかりの人生の中で、突然、限られた命の時間を提示されたとき、どのような心境になり、どのように行動しようとするものなのか。残される運命にある人々はそれをどう受け止めていくのか。それは個々の個性や環境により大きく状況が異なることは間違いないが、そこには民族、人種を越えた普遍的な深層心理があるはずである。この映画はそのことに焦点を当てながら、あえて大げさな演出を避け、淡々と説得力をもってヒロインの生き様、心理を描いている点も素晴らしい。

夫を亡くした女性は未亡人または寡婦（ｗｉｄｏｗ）といい、妻を亡くした夫を寡夫（ｗｉｄｏｗｅｒ）という。また親を亡くした子供は孤児（ｏｒｐｈａｎ）というように英語にも日本語にもそれぞれを表現する単語が存在する。一方、子供を亡くした親を表現する言葉は洋の東西を問わず存在しないようだ。このことはアメリカのテロ事件で子供を亡くした親へのスピーチの中でオバマ大統領によっても語られている。子供が親より先に帰らぬ人となることは、若くして亡くなる子供自身は勿論のこと、おなかを痛めて生んだ母や父にとって筆舌に尽くしがたい悲しみであり、それを表現できる言葉などこの世のどこにも存在しないということは誰もが納得する共通の真実である。

（新規稿）

■「きっと、星のせいじゃない。」（2014年／アメリカ／126分／監督　ジョシュ・ブーン）

PRODUCTION
DIRECTOR
CAMERA
DATE SCENE TAKE
CINEMA TICKET

「音符と昆布」――アスペルガー症候群

「医学部入試」のいまと現代「医学生」事情

わが熊本大学では以前から検討されてきたことであるが、入学試験に面接を採用することになった。短い時間で人間の資質や問題点がわかるはずがない、試験の点数できっちり判断するのがクリアカットでバイアスがかからず公平である、とする意見が強かったが、医学、医療は益々複雑化し、コンプライアンスの重要性、インフォームド・コンセントの必要性が増す中で、人となりのチェックは必要だし、統合失調症は一五〇人に一人、アスペルガー症候群は三〇〇人に一人の割合で存在するのだから最低限そうした人を除外する必要があるということになった（もちろんこうした人がいけないと言っているのではなく、医師になる必要はないであろうという意見である）。面接で短時間でもポイントを衝く質問をすれば、2SDから大きく外れた受験生をスクリーニングすること位はできるということになり、知恵を絞って質問事項を作っている（具体的な質問内容については差しさわりがあるので披露できない）。尤も全国の医学部の中でもはや面接をするのは当たり前のことになっており、面接をしない大学は極めて少数で熊本大学はもはやガラパゴス化しつつあった中での選択であった。

昔の医学生は自由そのものであった。われわれが医学生であった頃は、入学後、二年間の医学部進学課程の期間は別段とりたてて勉強しなくても進級できたし、専門課程に進んでからも普通に勉強していれば卒業までたどり着けたし、とりわけ試験や臨床実習が大変であったという記憶がない。だから私は足かけ五年間ラジオのディスクジョッキーに勤しむことができた。今の医学生に比べると思考に余裕があり、豊かな発想を持つ医者が多く育った、という人が多いが、個人的には「昔は良かった」と言いたがる年寄りのこの発想には余り賛成できない。今だって随分発想豊かな医学生は目に留まる。とは言うものの、昔ほど本を読んだり映画を見たりする医学生が少ないのは、膨大に膨らんだ医学の知識を詰め込むカリキュラムとなっているからで、こうした状況で人の話を聞くことのできる医師がきちんと育つのかは大いに気になっている。

実際、学生と接していると明らかに人の話を聞けない、説明をうまくできない、待てない、人の心が読めない者が、少なくとも世間にいる人間と同じ割合で存在する。そうした意味では面接は不可欠ということになるが、これに意味を持たせるために、前述のごとく質問の内容の工夫が必要である。

企業秘密なのであまり詳しくは書けないが、わが大学の推薦入試で、どうして医師を目指すのかを聞いてみると、驚くことにほとんどの受験生が、「祖母が病気で入院した時、医師の仕事を垣間見て、人の命を救うことの素晴らしさに目覚めた」という答えが圧倒的に多い。きっと医学部入試の面接に関するマニュアル本があるのであろうが、答える受験生を見ていると、家族内に病人がいない者は医者になる動機が希薄になるのだろうかと毎年のように苦笑している。

実際、今の医学部入学試験では医学部の定員数が増えた分、少し偏差値が下がっているようだが、この不確定な時代の中で、資格志向は衰えず、収入が安定している医師を希望する高校生は後を絶たない。しかし、実際入学してみると、四年生修了時に、それまでの基礎医学、臨床の座学の知識を問うcomputer based test（CBT）、患者診察手技や患者の接遇を問うオスキー試験、そして卒業試験を経て国家試験とチェックポイントがいくつもあり、うんざりして心の病にかかる学生が急増している。精神科の教授に聞いてみると「学生からの心の相談は最近ぐんと増え、さばききれないくらい」とのことで、わが大学でも無視できない問題になってきている。更にチェックポイントがある。国家試験を合格した後も研修指定機関で二年の研修を終了しないと保険医にはなれないのだ。だから折角医師国家試験に合格し、医師免許を持ちながら保険医の資格が取れないため、保険医になれない「医師」がいる。自由診療のみ担当できることになるが、事実上医療活動ができないことになる。こうした「医師」は一体どうやって生計を立てていくのだろうか。

「アスペルガー症候群」を患う見ず知らずの姉が突然訪ねてきたら

小暮もも（市川由衣）はロック系のミュージシャンである父親（宇崎竜童）を持っており、郊外の一軒家に住んでいる。映画「音符と昆布」（井上春生監督）の話である。父親は海外にもよく公演活動に出かけるらしい。彼女には恋人がいて半同棲状態であり、この日も二人で父が留守中の家にいた。そこに、突然姉だと名乗るかりん（池脇千鶴）が訪ねてくる。姉がいるとは全く知らなかったももは、おおいに驚き海外にいる父にメールで問い合わせるが、「確かにそうだ」、という返事に再び驚いてしまう。どうもグループホームから逃げてきたらしい。父は「かりんと一緒にいてくれ」というので仕方なく姉妹、それにももの彼氏も加えた奇妙な共同生活が始まる。この姉は変わっている。真っ直ぐな性格は何となく評価できるが、時としてほとんど話が噛み合わないこともあり、当惑することばかりであった。彼女はアスペルガー症候群だという。ももは、フード・コーディネーターをしているが、小児期に鼻粘膜の感染症にかかり、嗅覚がないというが、それは母親が余りにかりんの世話に手間がかかるため、ももの感染症に気づかなかったためらしい。料理を生業とするものにとって嗅覚がないというのは決定的なハンデのように思えるが、ももは、それを努力で克服していた。

姉は昆布を乗せたご飯が大好きだという。それは死んだ母親も昆布が好きで、子供の頃いつも出されていたご飯で、死んだ母と繋がっていたいという潜在的な気持ちがあるのかもしれない。

だんだん話の筋がわかってくる。かりんは、父親が不在がちであるということもあり、社会生活は無理と母親が悟ったため、ももがまだ小さい頃、施設に入れてしまったようだ。だからももは姉のことをほとんど知らないが、同じ母に育てられたこと、二分の一の遺伝子が繋がっているという同胞意識に目覚め、姉の奇妙な行状を受け入れるようになっていく。

かりんはカラフルな色の布を並べて干したり、ポラロイドで撮った街灯の写真を並べたりする。かりんはそれを音符だといい、写真が一枚無いので楽譜が完成しないとしつこく言うようになっていく。アイロンにも固執している。昆布をアイロンでのしたり、生卵をアイロンで熱してオムレツにしたりする。

観ているとアスペルガー症候群というより自閉症に近いのではないかという気になってくる。

アスペルガー症候群や自閉症の家族を持つと（アスペルガー症候群はまだ自分で制御できる部分が多いが、自閉症の場合は大変である）、家族はそうした障害者に振り回されて苦労し、疲労困憊することも多い。現実に今の日本では、こうした人が収入を得る手段は乏しく、面倒を見る側は、ケアしながら働きに出る必要もあるので、一般の家庭で面倒を見るのは大変だ。

この映画では池脇千鶴がアスペルガー症候群の主人公を演じているが、暗さを切り捨てて、天真爛漫さが全景に出されている。一方ももの方は姉妹としての繋がりを大切にしながら、自然に姉の満足感を満たしてやろうと努力する姿をコミカルに描いている。ももの姿にはけれんみがなく、何となく爽やかな気分で見終わることができる。

人の社会はどうしても面倒をかけるものと面倒を処理するものに別れる。このようにあくまで「病気」で、意図して面倒をかけようとしているのではない人間が家族にいる場合、ももの様な人間がいないとどうしようもないことを教えてくれる。しかし現実問題として映画で描かれたこの家庭も、父の不在は続くであろうし、ももも結婚して家庭を持たなければならない。アイロンとポラロイドカメラをもって駆けずり回るかりんは負担になり続けることは疑う余地のないことであり、彼女は早晩これまでいた施設に戻っていくことになるのであろう。

（新規稿）

■**「音符と昆布」（2007年／日本／75分／監督　井上春生）**

「インサイド・ヘッド」――心の仕組み

「頭の中の世界」の感情たちを描いたディズニー映画

私は医学部に進もうとはっきり意識した中学生の頃から、将来は精神科を専攻しようと思っていた。人間は思春期には、友達や親、先生などとの人間関係に悩み、恋に苦しみ、自分の心を持て余す時期を経て大人になっていく。心とは一体何なのか。精神科に進み精神医学的な観点から心を極めてみたいと思っていた時期がある。医学生になり、フロイトの夢判断に執着していた頃、彼の伝記を読んでみると医学部卒業後神経内科に進み、神経解剖や生理学をしっかり学んだ後精神科を選択したことがわかった。だから私も同じように神経内科的な診察技術を習得した後、精神科に進むのもよいだろうと考え、神経内科が専門であった荒木淑郎教授の主宰する第一内科を選んだが、奥の深い神経内科学に魅せられて今日に至っている。神経内科の教授になった今となっては精神科に転科することはできないが、当時の思いは今でも変わらない。

神経内科の患者の中でも、いわゆる不定愁訴症候群（自律神経失調症）、身体表現性障害（心の異常が身体の症状となって出現し、病巣がはっきり特定できない疾患）などの患者が少なからずいて、日々の診療の中で心の問題を考え、治療しなければならないことが少なくない。こうした患者の多くは患者本人が何らかの心の異常が体の変調を引き起こしていることを知らないでいる。脳や脊髄のＭＲＩを撮ってみても異常は見つからず、様々な薬剤を投与しても快方に向かわないことが多いため、私はこうした疾患も「難病」の一つであると思っている。

人はこのような深刻な病態に陥らなくても、しばしば自分の感情をコントロールできない状態に陥り、衝動的行動を起こすことがある。後で考えて、どうしてあんなことをしてしまったのかと後悔してみても、手遅れであることがある。まるで心の中の自分以外の何かに突き動かされているとしか思えないような状態が起こることがある。それはまさにこの映画「インサイド・ヘッド」（ピート・ドクター監督）の世界で描かれた脳内の五つの感情たちが織りなす技なのかもしれない。

ライリーは一一歳。彼女の頭の中には五つの感情がまるで生き物のように存在している。彼女を楽しい気持ちにするヨロコビ、嫌いなものを徹底して拒絶するムカムカ、腹が立った時に怒りを爆発させるイカリ、危険から彼女の身を守るビビリ、悲しい気持ちにさせることしかできないカナシミである。こうした感情たちは彼女の頭の中の司令塔に集まり常に表裏一体に動き、連動しながら感情、行動を制御している。こうした感情たちは、自分たちの中になぜマイナスにしか働かないカナシミがいるのか理解に苦しんでいた。特にライリーに生まれた時から楽しさを演出してきたヨロコビは、カナシミは無用の長物ではないかと思っていた。

彼女はある日、親の都合で楽しかった思い出がいっぱい詰まったミネソタから、友達もいないサンフランシスコに転校してくる。新しいクラスのストレスいっぱいの中で自己紹介が始まる。いつものように五つの感情たちが司令塔に集まりことがうまく運ぶように右往左往するが、不意にカナシミが頭の中の「思い出ボール」が詰まった中で、ミネソタ時代の楽しい思い出のボールをさわってしまう。その瞬間、彼女はだんだん悲しくなり、泣き出してしまう。カナシミの大失態だ。

　彼女の変化に気づいたヨロコビは、慌ててカナシミを思い出ボールから引き離そうとするが、カナシミはいけないとわかっていながら、「思い出ボール」に次々に触れていく。カナシミの困った行動のために、ライリーの楽しかった思い出が次々に悲しい思い出となっていく中で、ヨロコビは必死で止めようとするが、不意にこの二つの感情たちは、こうした感情を処理するチューブに吸い込まれ、脳の深い谷の底に落ちてしまう。二つの感情を失った司令塔は大混乱し心のコントロールが全くうまくいかなくなる。彼女は次第に鬱状態となり、遂にいつもと違う彼女の姿に両親も心配するようになっていく。

　ライリーの心の中では負の連鎖が回り、更に心は閉ざされていく。ヨロコビとカナシミのない感情。それは最も大事な部分の心を失った人間だと言える。遂に思いつめた彼女は、母親のお金をくすねて、長距離バスで思い出の地、ミネソタに帰ろうとする。そんな危機的な状況の中で、ヨロコビとカナシミはやっとのことで司令塔に帰りつく。五つの感情がそろった中で、彼らは彼女の危機的な状況を救うべく連動して彼女の感情を元に戻そうと必死に頑張る。そこで最も活躍したのはカナシミである。ライリーの心を刺激して両親の胸の中に飛び込んで思い切り泣かせたのである。涙はこの危機的な状況で彼女を救うことになる。涙と共に悲しい心の思いのたけを両親に吐露したライリーの心は次第にもとの状態へと戻っていく。めでたし。

着々とすすむ「心を制御する」蛋白質の研究

現代の子供は、一〇歳を過ぎた頃、体の成長期が急激に訪れ、心の成長が追いつかなくなる。現代社会は昔とは比べものにはならないくらい膨大な知識、情報がテレビやインターネットから溢れてきて、否応なしに過剰な情報に晒される環境となっているが、それらをうまく取捨選択し、受容できる人間に育て上げるためには親の助けが必要になる。特に女の子の場合、この頃初潮が訪れ体が大きく変貌を遂げる。どうしても母親の助言が必要となる。

われわれの大脳の神経細胞数は約一四〇億個もあるが、生まれた後、一～二か月時まで少しだけ増加した後は決して増えない。一方で出生時の新生児の脳重量は約四〇〇gであるが、成人の脳重量は一二〇〇～一四〇〇gまで大きくなる。それは個々の脳細胞自身が大きくなり、細胞間のネットワークが驚異的に増えていくからである。いかに生後の環境が重要であるかがわかる。

最近、カナダの研究グループが、記憶を司る脳の海馬を形作る上で重要な蛋白質を同定した。ＢＲＰＦ１という蛋白質だ。このタンパク質が働くと、エピジェネティック制御に関係する染色体のヒストンのアセチル化を促進させ、記憶が活性化されることがわかってきた。この研究グループは、ＢＲＰＦ１を脳内でノックダウンして働けなくすると、脳の海馬にある学習や記憶に関係した歯状回と呼ばれる部分がうまく作られなくなり、成人の神経ネットワークの形成がうまくいかなくなることを明らかにした。

この蛋白質は知的障害や認知機能障害などの神経障害にも重要な役割を持つことも解ってきた。こうした蛋白質の発現は食べ物や環境によっても左右される可能性があり、脳の発達を考えるうえでヒントになるかもしれない。

　ＢＲＰＦ１蛋白質と同じようにわれわれの心を制御する蛋白質もあるのかもしれないが、一つの物質が単純に作動しているのではなく、この映画で描かれたようにいくつもの物質が複雑に制御し合いながらコントロールしていることは疑う余地がないことである。この分野の研究にはさらに時間がかかり、to be continued といったところであろう。

　こうした悩める女性の脳内の環境を面白く描いて見せた映画は邦画にもある。「脳内ポイズンベリー」（佐藤祐市監督）では三〇歳目前にして、飲み会で年下の男に一目惚れしてしまったいちこ（真木よう子）が抱く心の葛藤を脳内会議の形で面白く描いて見せた。洋の東西を問わず、心をどう制御して人生を生き抜くかが現代人に益々重要になってきていることを反映しているのであろう。

　わが熊本大学では、最近心の不調を訴える医学生が増え、臨床心理士をスタッフに加え、うつ状態や登校拒否に陥る学生を救おうとしている。マラソンの完走時間の世界記録が三時間から二時間となり、一〇〇m走の世界記録が一〇秒から九・五秒に短縮されるといった具合に人間の身体能力の進歩はすさまじく、更に進化しようとしているが、それはトレーニング技術と運動生理学の進化に他ならない。他方心の進化は、知識取得技術がマニュアル化され進んでいるかに見える一方で、実際は遅々として進んでいないように思える。このミスマッチが益々進み続ける限り、人間は決して幸せにはなれないに違いない。

（新規稿）

■「インサイド・ヘッド」（2015年／アメリカ／95分／監督　ピート・ドクター）

■「脳内ポイズンベリー」（2015年／日本／121分／監督　佐藤祐市）

「危険なメソッド」――人のこころ

一人の女性患者をめぐる「フロイトとユングの物語」

同じ遺伝子をもつ一卵性双生児、同じように育てられた兄弟…なるほど形質は似通っており、似ている行動パターン、考え方はするものの、個々の性格は大きく異なるケースが少なくない。ヒトはどのように考え、どのように行動するのか、そしてそれにはどのような仕組みによるのか。ヒトが持つ全遺伝子は解明されたが、それをもとに心はどのように育まれていくのかという壮大なテーマに関する研究はまだ始まったばかりだといえる。

こうした問題に正面から取り組み、一〇〇年以上経った現在の精神科診療にも深く影響を及ぼしている精神科医にフロイトとユングがいる。映画「危険なメソッド」（デビッド・クローネンバーグ監督）は、ザビーナという神経症の女性を挟んでフロイトとユングが人の心の仕組みに迫ろうとした姿を描いた映画である。

今から一〇〇年ほど前、二〇世紀が始まったばかりの頃の話だ。チューリッヒの病院に激しいヒステリー症状（身体表現性障害）を呈するロシア系ユダヤ人の若い女性が連れてこられる。彼女の名前はザビーナという。顔立ちは美しいが、心が荒んでおり、顎がしゃくりれて独特の表情をしている。彼女を担当したのは新進気鋭の精神科医ユングだった。彼は当時注目されていたオーストリアのフロイトの談話療法をこの患者に試してみようと考える。彼女は四歳の時に父親に折檻され失禁した折に覚えた性的快感がきっかけで、身体的な侵襲を受けるたびに性的快感を覚えるようになっていたことがわかる。彼女はそんな自分に羞恥心を感じているが、ユングは談話療法を駆使し、内面をさらけ出させることにより彼女の心を解きほぐしていくことに成功する。そもそもザビーナは医師になろうと考えていたこともあり、自らの研究を手伝わせるようになる。彼女は、被験者となったユングの妻エンマの精神状態を鋭く分析して見せてユングを驚かせたりした。ユングは自責の念を覚えながらも彼女に対する恋愛感情が芽生えていく。

　この療法によって劇的に改善したザビーナの精神状態についてフロイトと文通を続けていたユングは、ある日ウィーンにフロイトを訪ね、そこで二人は意気投合する。折りしもフロイトはユングに、自身の弟子で女性遍歴を重ねる精神科医グロスの治療を委ねることにする。グロスは逆に「衝動に身を任せろ」とユングをけしかけ、ユングは遂にザビーナと深い関係になってしまう。映画ではユングとザビーナの赤裸々な肉体関係まで描かれているが、これは彼女の書いた日記と手紙に基づいているようだ。ザビーナはユングとの子供まで望むようになるが、ユングはぎりぎりのところで踏みとどまる。彼の元を去ったザビーナは今度はフロイトの元で論文を書くようになる。彼女はこの後ロシアに戻り結婚して、精神医学の世界で優れた業績を残すことになる。フロイトにより生みだされ、ユングにより確立された談話療法は現在、サイコセラピーとして精神疾患の治療の重要なツールとなっている。

ところでフロイトは、彼が提唱したこの談話療法や夢判断などが独り歩きして、生粋の精神科医と思われがちであるが、実は彼が神経生理学や神経内科学をしっかり学び、それらを出発点にして精神医学の世界を切り開いていったのは余り知られていない。私は医学生の頃フロイトに憧れ、フロイトのように神経診察をトレーニングした後に精神科に進もうと考え、まず神経内科を選んだが、精神科医になる夢を果たせずいつの間にか三〇年以上の歳月が流れてしまった。

フロイト――その人生と研究のあゆみ

フロイトが最初は何を求めていたのかはわからないが、一七歳でウィーン大学医学部生理学研究所に学び、まず脊髄神経細胞の研究から始めた。その後、神経内科で認知症や脳性麻痺などの神経内科疾患の臨床研究に携わった。これをきっかけにして脳や心の神秘に触れ精神科診療にのめり込んでいくことになる。彼の精神科診療・研究における業績は言うまでもないが、文学をはじめとする芸術の世界にも影響を与え続けた。それは彼がシェークスピアなどの古典文学からヨーロッパの文学にいたるまで幅広く精通しており、それを精神医学的に解析した功績に他ならない。実際彼の夢判断などの発想は多分に文学的であり、説得力があり、だから多くの人を引き付けたともいえる。もしフロイトが現代の脳の画像研究や神経伝達物質などの研究手法が進化しつつある時代に生きていたら、そうしたツールを使った知見をうまく融合させながら途轍もない脳とこころの研究に発展していたことであろう。

前述のごとくフロイトのベースには神経内科の知識が反映されているが、その中でも二九歳のときパリに留学し、ヒステリーの研究で有名だった神経内科学の祖、シャルコーのもとで催眠によるヒステリー症状の治療法を学んだことが大きい。それまでの神経学は病理などの器質的な現象変化に病気の原因を求めるものが主流であったが、フロイトはこの経験を通してヒステリーという疾患が機能的疾患であることを初めて学んだ。この後フロイトは、ヒステリーの原因は幼少期に受けた性的虐待の結果であるという病因論を考え、治療に生かそうとしていく。フロイトにより、今日の心的外傷やＰＴＳＤに通じる概念が今から一〇〇年昔にすでに提唱されていたことになる。彼はこの仮説に基づいて、ヒステリー患者が回想し言語化して鬱屈した思いや不安を吐き出すことができれば、症状は消失するという治療法にたどりついた。談話療法はこうした過程で生まれたようだ。

　フロイトの人生は数々の優れた業績を残し恵まれた環境で臨床研究家としての人生を送ったかに見えるが、ユダヤ人であったことがヒトラーの出現とともに暗い影を落とすようになる。彼の精神医学会における主張は、反ユダヤの嵐が吹き荒れる中で、次第に抹殺されるようになり、学会における地位だけでなく命も危うくなっていく。フロイトは談話療法に傾倒していたユングを後継者と考え接するが、それはユダヤ人である自分が提唱している精神医学に関する主張が一部で反発を受けていた当時、権威ある大病院の医師で、しかも非ユダヤ人のユングが自分の主張を認めてくれたことが心強かったからなのかもしれない。第二次世界大戦の中で、フロイト自身は執拗にナチスドイツの迫害を受けながらも生き残るが、四人の妹たちは収容所で焼き殺されるという悲惨な出来事を体験している。ナチスドイツの暴挙の前で高名な科学者が研究の継続さえ危うくなった例は枚挙に暇がないが、フロイトはその代表的臨床研究者の一人である。

「フロイトの夢判断」は彼のこうした数奇な人生の中で生まれた。有史以来現在に至るまで、人類は睡眠に伴い無数の夢を見てきた。何の脈絡もない夢を見ても、それはどうしてなのかと思ってきた。それに初めて精神医学の観点から、理解可能で魅力的な一つの回答を与えたのがフロイトである。彼が出現する前は睡眠中に体が受ける感覚の刺激によってその刺激が夢に反映されると考えられていたが、フロイトは、この感覚刺激だけでは夢は形成されないことを指摘し、夢の内容を精神状態と関連づけることで説明しようとした点が研究者の共感を呼んだ。夢判断には様々な説明がなされているが、性欲との関連を結び付けた点も大いに人々の関心を呼んできた。

かつて妻と遠距離恋愛をしたことがあるが、眠るとき、彼女の姿が夢に現れてくれないかと願ったものだ。面白いことに万葉の時代は「相手が自分を激しく想ってくれるから自分の夢に相手が現われる」と信じられていた。これはテレパシーの様な考え方で夢判断的にいうと逆の現象ということになる。

我妹子に　恋ひてすべなみ　白袴の　袖返ししは　夢（いめ）に見えきや　詠み人知らず

（あなたが恋しくてどうにもならず白袴の袖を折り返して寝ました。こんなに恋焦がれている私の姿をあなたは夢に見ましたか）

いつの時代も男女の愛憎が人の心の重要な部分を占める。人の心の問題に迫ろうとしたユングしかり、フロイトしかり。

（新規稿）

■「危険なメソッド」（2011年／イギリス・ドイツ・カナダ・スイス合作／99分／監督　デビッド・クローネンバーグ）

「誤診」――てんかん重責の治療

てんかん患者の息子のために奮闘する母親の姿

てんかんは規則正しく活動している脳の神経細胞が何らかの誘因により突然異常興奮し、脳全体、或は局所の脳の循環動態、代謝に影響を及ぼす疾患群である。これを制御しなければ脳機能の低下が起こる。子供から大人までいずれの年齢においても突如として起こり、全般性痙攣を起こすタイプはその痙攣の激しさから家族に激しいショックを引き起こす。最近は超高齢化社会の到来と共に、脳血管障害を起こす老人も多くなった。統計によると二〜一〇%の脳梗塞の患者が痙攣性、非痙攣性のてんかんを起こすので注意を要する。また高齢者の非痙攣性てんかんはしばしば活動性が落ちるため、認知症と誤診されることもある。初めての発作が再燃するケースは三〇〜四〇%とされるが、二回目以降の対応を誤るとてんかん重責発作となって負の連鎖が起こり発作が止まらなくなることがある。相変わらずてんかん患者が自動車事故を起こし、善良な市民の命を奪うケースが後を絶たないが、多くの場合、抗てんかん薬を飲んでいないか、コントロール不良のケースが多い。中には比較的コントロール良好と思われている患者が事故を起こす場合もある。日本てんかん学会では、二年以内に発作が起こった患者の自動車運転を認めていない。

てんかんはほとんどが特発性で特定の遺伝子を同定できない場合が多いが、いくつかのタイプで、てんかんを誘発する遺伝子が同定されている。グルコーストランスポーター１（ＧＬＵＴ１）異常症は脳のエネルギー不足から難治性の多彩なてんかん発作、小頭症、発達遅滞、眼球運動異常、失調、ジストニアなどをきたす疾患である。ＧＬＵＴ１は脳内にブドウ糖を取り込むために必要な蛋白質でこの物質が上手く働かないと脳にブドウ糖が取り込めずエネルギー不足になってしまい、脳の代謝障害が起こり、時としててんかんが起こる。これに対して、ケトン食によるてんかんの治療が有効であることがわかってきた。ケトン体はＧＬＵＴ１とは関係なく脳内に取り込まれてエネルギー源となるため、この療法を行うことで脳のエネルギー不足が解消され症状が改善することが実証されている。こうした知見をもとに、このような遺伝子異常がなくても、難治性の小児のてんかんに対してケトン食治療が行われるようになったが、グルコースをなるべく排除する食事構成になるため、患者は、かなり厳格な食事メニューを強いられる。

メリル・ストリープ主演「誤診」（ジム・エイブラハムズ監督）はまさにこのてんかん重責発作を繰り返し、母親の決断でケトン食治療に導くまでを描いた実話を基にした映画である。この映画の原題は、邦題とは全く異なる「First Do No Harm」となっている。この言葉は映画の冒頭で披露される医学の父と言われるヒポクラテスの誓いの中の「医師たるもの、何をおいても患者を傷つけてはならない」という言葉を要約して題にしたものである。この映画に登場する通常のてんかん治療を行う医師団は診断も間違っていないし、治療法の選択も「evidence based medicine」のもとに行っているので、「誤診」

という邦題は、英語の訳としても、映画の内容からみても不適当と思われるが、何故かこうした題となっている。

ローリー（メリル・ストリープ）は、アメリカの田舎町で暮らす主婦である。三人の子どもに恵まれ、優しい夫とともに平凡だが幸せに暮らしていた。ある日、末っ子のロビーが突然痙攣発作を起こしたという連絡が保育園からローリーに入り慌てて駆けつける。ロビーはその日以後、遊んでいるとき、食事どき、一家団欒の時など、時間を選ぶことなくてんかん発作を起こし続ける。てんかん重複発作の始まりである。止まらないてんかんをコントロールするために地域の大病院の小児科に入院し、徹底したコントロールを受けるが容態ははかばかしくない。強い薬による副作用（幻覚・興奮・発熱）で彼はどんどん衰弱していくが、そうした副作用を抑えるためにまた投薬するという悪循環が起こり続ける。国民皆保険もなく、個人が加入する保険でしか医療費をカバーできないアメリカの医療事情は、低所得者にとって辛いものがある。薬価の高い新薬はこの家庭では大変な負担となるが他にてんかんを止める手立てがなく試されるが、思わしい効果は得られない。悪いことが起こるときには重なるものだ。夫が職を失いさらに経済的にも苦しくなってしまう。よくあることだが平凡な家庭の平和が、息子のてんかんの発作により壊されていく。苛立つローリー。医師団も次第に打つ手が無くなり、成功率は低いが脳外科手術によりてんかんの巣点の除去を提案する。「わが子の将来をそんな確率の低い治療に賭けてみなければならないのか。脳にメスを入れるなんて」きっとローリーはそう思ったに違いない。ついに彼女は、自ら図書館で治療法の勉強を始め一つの事実を発見する。ジョンズ・ホプキンス大学の小児科で行っているてんかん重責患者に対するケトン食治療である。

ローリーは医師団にこの治療法の可能性を尋ねるが、エビデンスが乏しいものとして却下される。ローリーは悲嘆に暮れるが、母は強い。自分でジョンズ・ホプキンス大学の教授に連絡を取り、ある日、病棟から隠密裏にロビーを連れ出しボルチモアにある大学病院に向けて飛行機で旅立つのだ。そこには栄養士を含む優しい医療スタッフがいて、ローリーの悲願であったケトン食療法が始まり、ロビーはそれ以後一回もてんかん発作を起こさなくなる。

映画では、この食事療法で、てんかんの発作を克服した実際の患者さん達も出演していることが明かされるが、当然のことながらこの治療法が万能というわけではなく、この療法が実施できてもてんかんを発症する患者がいたり、厳格な食事が実行できず失敗に終わることがあるようだ。しかし「ロレンツォのオイル　命の詩」でも紹介したように、最愛のわが子を思い挫けずに、希望を持ち続けることだけでなく、実際に行動を起こすことが大切であることをこの映画は教えてくれる。

最近の「洋画の邦題」についてもの申す

この映画ではロビーに使用される抗てんかん薬の日本語訳が間違っていたり、実在しない薬の名前になっていたり、前述のように明らかに映画の題名が違っていたりと興をそがれる部分はあるが描かれている内容は迫真に迫るものがある。字幕翻訳家の戸田奈津子氏によると、最近は輸入された映画がリリースされるまでの時間が短くなり、原題がそのままカタカナや英語つづりのままになっていることもある。「アバター」などは仕方ないと思うが「チェンジリング」といわれてもいったい何のことかわからないので辞書を引いたり意味を検索するしかない。字幕スーパーは内容をよく反映させた名訳が多いのに、題についてはもっと工夫して欲しいと思う。

昔の洋画題は実に名訳が多い。それは配給映画会社の宣伝部が充実しており、感性の素晴らしい宣伝マンがいたからに違いない。「Butch Cassidy and the Sundance kid」、これでは何のことかわからないがこの映画の最期のシーンを邦題にした「明日に向って撃て！」などは名訳である。「愛は静けさの中に―Children of a Lesser God」、「旅愁―September Affair」、「めぐり逢い―An Affair to Remember」、「或る夜の出来事―It Happened One Night」…。いずれも英語の原題を直訳していたのでは意味が解らないし、そもそも映画館に足を運ぼうとする気にはなれないであろう。

てんかんは古くから存在してきた疾患で、有病者率は一％前後で世界に五〇〇〇万人ほどいると考えられている。終生投薬を受けなければならない場合が多く、日常生活に制約を伴う場合もあるため、「差別」を受けやすい疾患でもある。また薬剤の中には催奇形性があるものもあるし、母親がてんかん患者であり、ある種の抗てんかん薬を飲んでいると子供の知的レベルが少し低下するとするエビデンスも報告されている。新薬が続々と登場し、てんかんのタイプを問わず投薬できる薬も出てきて以前と比べてこの病気のコントロールは随分楽になったが、いずれも根治療法の薬ではなく、てんかん患者の苦しみはそれほど変わっていないかに見える。新たなコンセプトの薬の開発が必要である。

（新規稿）

■「誤診」（1997年／アメリカ・カナダ合作／94分／監督　ジム・エイブラハムズ）

あとがき――The end of rehearsal：これからが本番

私は熊本大学医学部に入学したとき、「多くの人が罹患している、誰でも知っている病気を研究しながら、一生アカデミックライフを満喫する人生を送りたい」と漠然と願った。とにかく「研究」というものに憧れがあったのだ。当時の私は本当に無知で、人間の体にどのような病気が起こるのか、研究とは一体どのようなものかなど知らないでいた。卒業して母校の大学病院第一内科に入局し、神経内科医を目指したが、その時点では「患者数の多い脳卒中か、病態がよくわからない多発性硬化症の研究をして有名になりたい」と思った。若気の至りである。

ところが恩師の荒木叔郎教授から与えられた研究テーマはトランスサイレチンという聞いたこともない蛋白質の遺伝子異常によっておこる病気「家族性アミロイドポリニューロパチー（ＦＡＰ）の病態解析」であった。当時熊本県の北部と長野県に患者フォーカスが限局した小さな疾患であった。学生時代に教科書にも出てこないようなこの病気の研究をするのはかなり抵抗があった。蛋白質が重合してナイロンのようなアミロイドという凝集塊を作るアミロイドーシスという疾患単位に分類されるこの病気は、当時一地方に限られた病気で、研究するのは気が進まなかった。どうせアミロイドーシスを研究するならアルツハイマー病をやりたかった。世界に目を向けても当時は、ポルトガルとスウェーデンにのみ患者集積地があるものの、患者数は極めて少なく、一般臨床医は知らない疾患であった。

そんな気持ちに拍車をかけたのは一九八七年箱根で行われた国際アミロイドーシスシンポジウムであった。当時アミロイドーシス研究の主体は多発性骨髄腫などに合併して、ガンマグロブリンの軽鎖がアミロイドとなり病気を引き起こすＡＬアミロイドーシスであった。我々が発表したＦＡＰの小さなセッションの後にこのＡＬアミロイドーシスの研究発表があったが、なんと座長が“Let's begin to talk about real amyloidosis”と言うではないか。要するにＦＡＰのような患者数も少なく、患者も特定の地域に限定された疾患の研究はアミロイドーシス学の敷居は跨げない、というのである。私の気持ちはさらに萎えた。

しかし医師になって三年目、医局人事でこの病気の患者フォーカスがある荒尾市民病院に赴任してみるとその思いは一変した。アミロイドが涙腺にたまり涙が出ず、角膜潰瘍が起こり、眼が痛いといって泣いているのに涙の出ない患者、流れるような下痢のため、トイレに数時間以上座っていたところ臀部に褥瘡ができた患者、アミロイド沈着による全身の諸臓器の障害により全身がやせ細った患者、激しい自律神経障害のため勃起障害が起こったり、起立性低血圧で倒れて頭を打った患者などなど、リアルタイムでこうした患者を診ていると、医師としてできることはないのか、何とかしないといけない、遺伝性疾患であるこの病気が、次世代を担う子供たちが発症する前に治療法を見つけなければ、という思いに苛まれるようになっていった。

あれから約四〇年の時空を経て、この病気の研究は大いに進み、もはやこの世の片隅の小さな病気ではなくなり、世界中どこに行っても見つかる大きな病気になりつつあるし、治療法も二一世紀の訪れとともにいくつか開発され、ＦＡＰ患者がこの病気自体で命を落とすことはなくなりつつある。そして様々な遺伝性疾患研究のモデルと呼ばれるようになった。またトランスサイレチンが、老人性全身性アミロイドーシスという、二十世紀にはあまり注目されなかった病気を引き起こし、特に超高齢者にかなりの頻度で見られることが明らかになってきた。かの有名な名古屋のきんさん、ぎんさんもこの病気で逝ったことが解っている。二〇〇八年のScience誌には「一一〇歳以上の超高齢者の主たる死因は老人性全身性アミロイドーシスである。それは心臓にアミロイドが溜まることによって心不全が起こるためである」と記されている。なぜ高齢になるとトランスサイレチンが心臓にアミロイドを作り心肥大・心不全を起こすようになるのかはほとんど解っていないが、二十一世紀に、アルツハイマー病と並んで超高齢社会の重要な疾患となる可能性が高いと考えられる。

　私は、この三月、熊本大学を退任するにあたって、今後の仕事についていくつかお誘いをいただいたが、迷わず、学長をしながら、アミロイドーシス研究もできる新たな講座を立ち上げるというお話をくれた、佐世保の長崎国際大学を選んだ。これからも細々とでも研究を続け、自分が育んできた学問を完結して患者に還元したいと考えた。微力でもトランスサイレチンによるアミロイドーシスの治療法を見つけて超高齢者に福音をもたらしたいと考えている。

佐世保市は、長崎県北部の都市で、人口約二五万人の中都市である。風光明媚な九十九島（映画「ラストサムライ」のロケ地になっている）や、ジェットコースターや若者を刺激するスリル満点の乗り物がない我が国最大級のテーマ・パークとして特筆されるハウステンボスがあり、大学に隣接している。明治時代から軍港都市として栄え、戦後、海上自衛隊やアメリカ海軍基地として機能してきた。佐世保バーガー、佐世保ジャズが有名で、アメリカ軍基地関連のアメリカ人が約五〇〇〇人ほど住んでおり、日本で最も長いアーケード街と言われている四ヶ町から三ヶ町に至る通りには外国人が多く、異国を歩いているのではないかと思うことさえある街である。

その中で私が住んでいるのは、大学から支給されたハウステンボス内のワッセナーと呼ばれるリゾート地域の一角にあるマンションである。大村湾から引き込まれた運河には白鳥が泳ぎ、森と運河に囲まれ、晴れた日の朝には運河の水面が銀色に輝き、夏でも西海の涼しい風が吹き込む。研究の構想を練るには持って来いの環境である。

作家宮本輝は「多くの作家の作品の中で最も読み応えのあるものは、七〇歳代に書かれたものである」と書いている。文豪夏目漱石も森鴎外も七〇歳を待たずして鬼籍に入ったが、遠藤周作、井伏鱒二、大江健三郎、古くは野上弥生子は初老以降に集大成となる小説を書いた。黒澤明、山田洋次、ビットリオ・デシーカ、そしてクリント・イーストウッドなど映画監督も枚挙に暇がない。その作品の深さは七〇歳代のものが秀逸である。人間は一般に加齢とともに記憶力は落ちるものの、人生の豊富な経験、ボキャブラリー、醸成された深い思考などをさらに獲得しそれらが相まって優れた作品ができるのかもしれない。

いくつになっても、常に「何故あの時、勇気を出して行動を起こさなかったのか」、という思いがあり、「想い出という名の未練」が募る。「やってしまったことの後悔は小さいけれど、やらなかったことの後悔は日々募る」という林真理子の言葉は平凡だが心に迫ってくる。確かに過去を振り返るとき、楽しかった思い出も悲しかった出来事もどこかに未練が残る。

まだまだ煩悩の残る私は、ライフワークとして取り組んできたアミロイドーシスの治療も形になってきたものの、何故加齢とともにアミロイド沈着が起こるようになるのか？　なぜ特定の臓器にしかアミロイド沈着は起こらないのか、など解っていないことも多々あることに気づくようになった。この分野の研究は、今が頑張りどころだと考えている。今までやってきた研究はこれからの一〇年のためにあるのだ、これからが本番“The end of rehearsal”と考え、長崎国際大学に新たに作っていただいた「アミロイドーシス病態解析学分野」で、「未練」を残さないためにも、また一番知りたいことを突き詰めるためにも、学長職をこなしながらさらに精進していく所存である。

神経内科の教授時代は五〇人近いスタッフに恵まれ、これ以上ないという環境で研究、診療、教育活動をしていたが、今度の新しい教室は教授の私と助教一、秘書一とどう数えても三人しかスタッフはいない。しかし、豊かな知識、経験を活かしながらさらに研究を深め患者さんたちに貢献し続けていくことが最も重要なことだと考えている。まだまだ人生は終わることができない。

令和二年二月

安東由喜雄

安東由喜雄（あんどう　ゆきお）

大分県別府市出身，熊本大学医学部に進む．在学中5年間地元のラジオ局で番組をもち，映画の鑑賞眼と話芸を磨く．卒業後，神経内科学を志向し第一内科に入局．1996年，客員教授としてスウェーデン・ウメオ大学に留学する．2006年より熊本大学大学院生命科学研究部病態情報解析学分野（検査医学）教授，2012年より同神経内科学分野教授，以後，同医学部長，研究部長．2019年より長崎国際大学副学長，アミロイドーシス病態解析学分野教授．2020年より同大学，学長．稀少疾患の代表的疾患，アミロイドーシスをひたすら研究し，2016年まで厚生労働省アミロイドーシス研究班長．ついに2016年世界アミロイドーシス学会理事長となる．現在日本アミロイドーシス学会理事長も兼任．また「FMさせぼ」で「恋と映画と健康と」（1時間生番組）のラジオ・パーソナリティーも務める．

スウェーデン honorary PhD賞，日本検査医学会賞，神経治療学会賞，小酒井望賞，熊日賞などを受賞．著書に『映画に描かれた疾患と喪失感』（マネージドケア・ジャパン），『最新 アミロイドーシスのすべて』『映画に描かれた疾患と慕る思い』（医歯薬出版），『21世紀の病気—神経系のアミロイドーシス』（医学と看護社）など．

座右の銘は，「チャレンジして失敗を恐れるよりも，何もしないでいることを恐れよ」（本田宗一郎）

装画　石松真由子

装幀　伊藤　守（イトーデザインスタジオ）

本書は株式会社マネージドケア・ジャパン編集の月刊誌『MEDICAL QOL（メディカル クオール）』2017年8月号（No.273）～2020年2月号（No.303）に掲載されたエッセイ“開業医のための「誤診しやすい」遺伝性疾患の話”を一部修正のうえ，新規稿を加え発表年月順に収録したものです．なお，初出誌での掲載月号数は各エッセイの末尾に記載しております．

映画に描かれた疾患とペーソス
——安東教授のシネマ回診 2　　ISBN978-4-263-73193-2

2020 年 2 月 25 日　第 1 版第 1 刷発行

著　者　安　東　由喜雄
発行者　白　石　泰　夫
発行所　医歯薬出版株式会社

〒113-8612　東京都文京区本駒込 1-7-10
TEL. (03)5395-7640(編集)・7616(販売)
FAX. (03)5395-7624(編集)・8563(販売)
https://www.ishiyaku.co.jp/
郵便振替番号　00190-5-13816

乱丁，落丁の際はお取り替えいたします　　印刷・教文堂／製本・榎本製本